図解

マイナス思考から
すぐに抜け出す
9つの習慣

Discover

はじめに

「心が折れそうになった……」

２００９年、イチローがＷＢＣ第2ラウンド韓国戦の敗戦後に発した言葉です。ＷＢＣでイチローはチームリーダーであるにもかかわらず絶不調。打率は1割台でチームの足をひっぱっている状況でした。日本中から優勝を期待されている中で、一切結果を出せない状況は精神的に相当つらかったことでしょう。

しかし私は、イチローでも心が折れそうになることがあるのかと親近感を抱きました。同じように私たちの誰にでも、いいときばかりではなく、仕事や私生活でネガティブな考えにとらわれることがあるものです。たとえば次のような思考になってしまうことが、あなたにもあるのではないでしょうか。

- 失敗をずっと引きずってしまう
- 上司との人間関係がうまくいかない
- 愚痴や不満ばかり口にしている
- 他人と比べて自分に自信がない
- 分かっていても嫉妬してしまう
- 休みの日まで仕事のことが頭から離れない

●うまく気持ち・気分を切り替えられない　●人の評価や目ばかり気にしている

人生で大きな試練や逆風に襲われたときは、このようなマイナス思考からいかに早く抜け出せるかどうかが重要であり、マイナス思考からどれくらい早く抜け出せるかは、思考の習慣の違いから生まれてくると私は考えています。

マイナス思考からなかなか抜け出せない人の特徴

マイナス思考からなかなか抜け出せない人の特徴をまとめると、次の通りです。

「いつも誰かと比較して自分の欠点ばかり見ている」「相手の嫌な面ばかり見て、相手がすべて悪いと思い込んでいる」「漠然とした不安や心配を堂々巡りさせている」「視野が狭くいろいろな視点から物事を見つめられない」「物事を先延ばしにして、行動できない」「自分ではどうしようもない環境にばかり愚痴をいっている」「完璧にやろうとしすぎて疲弊する」「過去の失敗にずっとクヨクヨしている」……。

このような思考をする人は、逆境に直面したときストレスを強く感じます。もし、どれかひとつでも当てはまるなら、本書はあなたのお役に立つことでしょう。

マイナス思考からすぐに抜け出せる人の思考習慣

私は、「逆境を乗り越える」人の思考パターンを知り、自分の中に取り入れることが、マイナス思考から抜け出せる思考習慣をつくるためには有効だと考えています。

そこで、イチロー、高橋尚子、孫正義、羽生善治などさまざまな分野で活躍する人の思考習慣を研究しました。たび重なる怪我、常人では耐えられない試練やプレッシャーを前に、彼／彼女らがどう考えて乗り切ってきたのかをパターン化して整理しました。

その結果、共通して次の9つの思考習慣があることが分かりました。

- 等身大の自分を受け入れる
- 相手を変えず見方を変える
- 徹底的に具体化する
- さまざまな視点から眺める
- できることに集中する
- 運命を引き受ける
- 完璧主義をやめる
- プラスの側面を見る
- 「今」に集中して生きる

本書ではこれら9つの習慣を、アスリートや経営者などの例を豊富に交えて、分かりやすくイメージできるように解説していきます。また、これらを身につけるためのスキルを、豊富な図解とともに具体的にご紹介します。

最後に、なぜこの本を書こうと思ったかをお話しします。

完璧主義の傾向が強く、人に任せることができない私は、自分で仕事をすべて抱え込む癖がありました。多忙な仕事の中で、あまりのストレスから突発性難聴になったこともあります。私自身もストレスと戦い続けてきた歴史があるのです。そんな自分の状況を克服

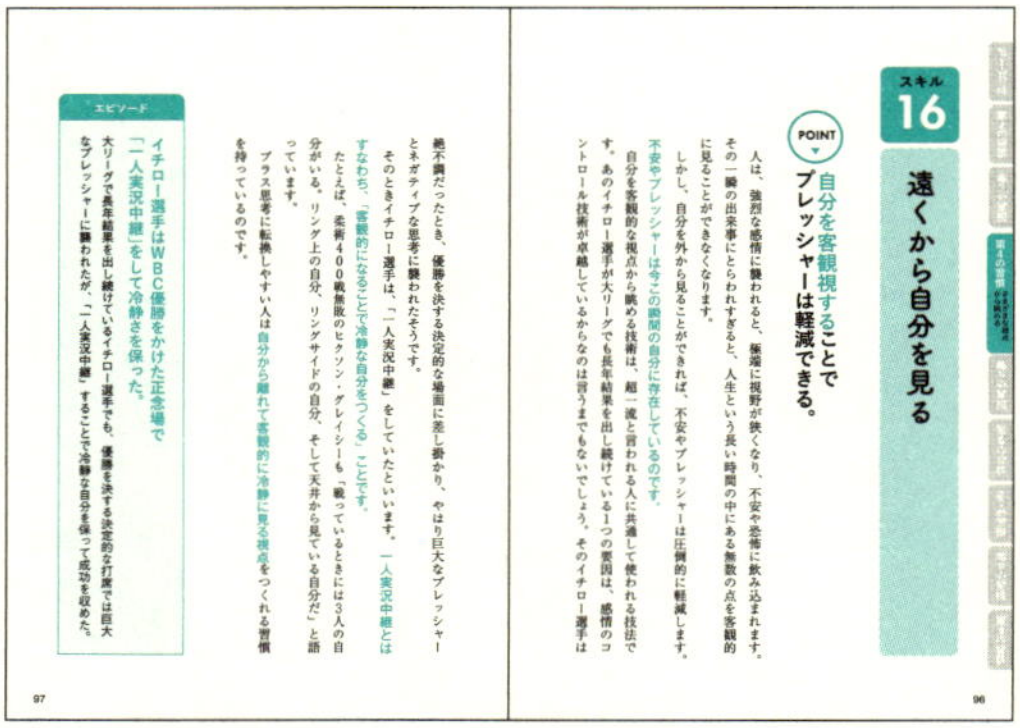

スキル 16
遠くから自分を見る

POINT
自分を客観視することでプレッシャーは軽減できる。

人は、強烈な感情に襲われると、極端に視野が狭くなり、不安や恐怖に飲み込まれます。その一瞬の出来事にとらわれすぎると、人生という長い時間の中にある無数の点を客観的に見ることができなくなります。

しかし、自分を外から見ることができれば、不安やプレッシャーは圧倒的に軽減します。不安やプレッシャーは今この瞬間の自分に存在しているのです。

自分を客観的な視点から眺める技術は、超一流と言われる人に共通して使われる技法です。あのイチロー選手が大リーグでも長年結果を出し続けている1つの要因は、感情のコントロール技術が卓越しているからなのは言うまでもないでしょう。そのイチロー選手は絶不調だったとき、優勝を決する決定的な場面に差し掛かり、やはり巨大なプレッシャーとネガティブな思考に襲われたそうです。

そのときイチロー選手は、「一人実況中継」をしていたといいます。一人実況中継とはすなわち、「客観的になることで冷静な自分をつくる」ことです。

たとえば、柔術400戦無敗のヒクソン・グレイシーも「戦っているときには3人の自分がいる。リング上の自分、リングサイドの自分、そして天井から見ている自分だ」と語っています。

プラス思考に転換しやすい人は自分から離れて客観的に冷静に見る視点をつくれる習慣を持っているのです。

エピソード
イチロー選手はWBC優勝をかけた正念場で「一人実況中継」をして冷静さを保った。
大リーグで長年結果を出し続けているイチロー選手でも、優勝を決する決定的な打席では巨大なプレッシャーに襲われたが、「一人実況中継」することで冷静な自分を保って成功を収めた。

96　97

▲各習慣を身につけるためのスキルをエピソードとともに解説。

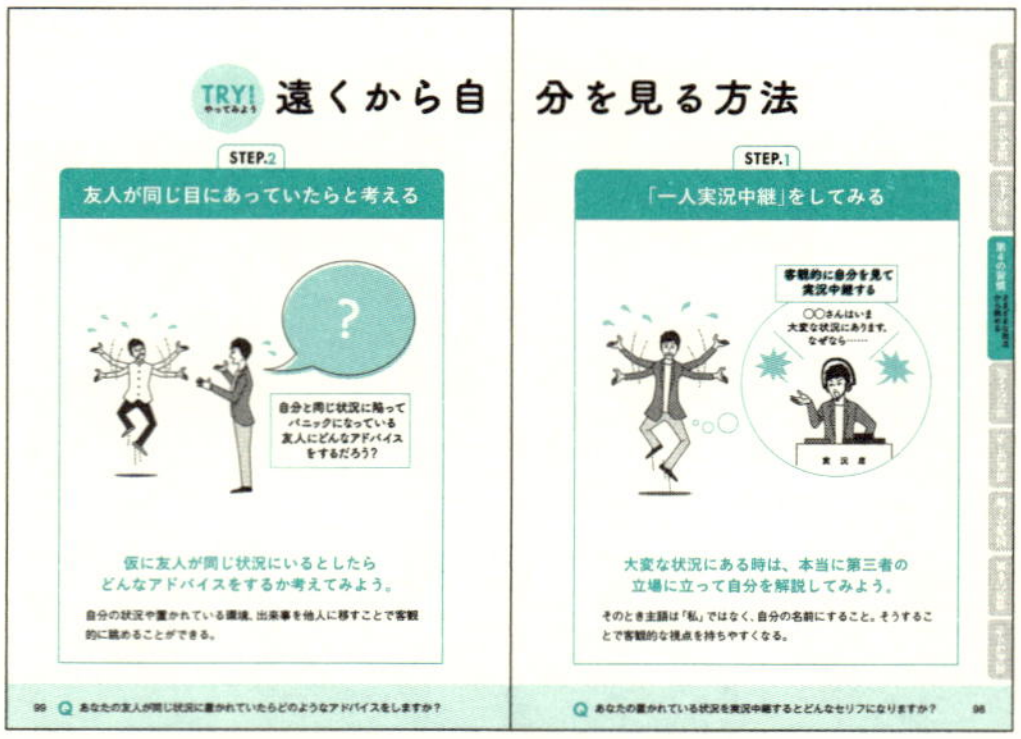

▲スキルを実践するための具体的な方法を図解で解説。ページ下部にある2つの質問に答えることで、すぐに考え方をプラスに変えることができる。

しようと試行錯誤してきました。

特に効果的だったのは、**読書**でした。本を読んでその考え方を吸収し、自分の環境に応用してきました。その結果、私の考え方は柔軟になり、ストレス耐性も飛躍的に高まりました。そんな経験から、同じような課題を抱える人をなんとか助けたいと思いました。

また、私は新入社員研修で多くの企業に伺いますが、若手のビジネスパーソンたちが半年もせずに精神的に潰れてしまい休職している実情に多く直面しています。どうすれば彼らを助けられるのか、ずっと考えてきました。そして最終的に、**ストレス社会と上手に付き合うための体系立てられた考え方の習慣**を提供することではないかと思ったのです。実際、私の研修やコーチングを受けた受講生やクライアントたちは、マイナス思考を上手に転換し、感情をコントロールできるようになっています。

あなたが仕事で失敗したとき、自信を失いそうになったとき、プレッシャーに負けそうなとき、マイナス思考から抜け出すヒントを本書から得ていただければ幸いです。

古川武士

本書は、2012年に刊行された『マイナス思考からすぐに抜け出す9つの習慣』、および2014年に刊行された『図解 ストレス・フリーの人生をつくる9つの習慣』を元にハンディ版としてデザインを一新し、文と図版をともに再構成したものです。

CONTENTS

CONTENTS

第6の習慣

運命を引き受ける ―― 139

第7の習慣

完璧主義をやめる ―― 161

プロローグ

習慣があなたの人生を変える

マイナス思考から抜け出す考え方の習慣とは？

本書で紹介する思考習慣を開発したきっかけは「はじめに」で書いた通りです。個人的な経験からではなく、次の3つの観点から体系的に作り上げたものです。

❶逆境を乗り越えた人々を研究している

考え方の習慣を実践的なものにするために、まず100人以上のアスリートや経営者、芸術家、歴史的な偉人、私のコーチングクライアントなどのインタビューや伝記、実例などを参考にしました。

逆境や苦難に直面したときに、どのように向き合ってきたのか、どのように考え受け止めてきたのかには共通点があります。起きている事実は1つでも、受け止め方や考え方は何通りもあり、選択できます。**偉人たちがすごいのは逆境や苦難を乗り越える考え方の習慣にある**のです。

それを真似することができれば、マイナス思考から抜け出す力がつきます。

本書ではその共通点を次の9つの習慣としてまとめました。

マイナス思考から抜け出す9つの思考習慣

習慣9「今」に集中して生きる

習慣5 できることに集中する

習慣6 運命を引き受ける

習慣7 完璧主義をやめる

習慣8 プラスの側面を見る

習慣3 徹底的に具体化する

習慣4 さまざまな視点から眺める

習慣2 相手を変えず見方を変える

習慣1 等身大の自分を受け入れる

また本書では、研究した人々の中でも次の人たちの事例を一部ご紹介しながら解説していきます。

イチロー（シアトル・マリナーズ外野手）、高橋尚子（シドニーオリンピック女子マラソン金メダリスト）、羽生善治（棋士）、松下幸之助（現パナソニック創業者）、マハトマ・ガンディー（インド独立運動の精神的指導者）、孫正義（ソフトバンクグループ社長）、木村秋則（りんご農家）、澤田秀雄（ＨＩＳ創業者）、南部靖之（パソナ創業者）、天野篤（天皇陛下の心臓手術執刀医）ほか

❷歴史を超えた考え方を研究している

「一日一生」「雨降って地固まる」「塞翁が馬」など歴史を超えて語り継がれた言葉は、人の考え方を変える独特の力を持っています。

また、信仰は違えども仏教や禅、キリスト教などの教えにもプラスの考え方の共通点が多くあります。このような格言・教えにも着目して研究をしてきました。本書の中でも随所に紹介しています。

❸心理学の手法を応用している

9つの習慣を具体的にどのように身につければいいかは、私が専門とするコーチングやNLP（神経言語プログラミング）、認知科学、行動科学など多くの心理学の手法を応用しています。

また、これらの手法は、私自身はもちろん、多くのクライアントへのコーチングや研修で実践済みのものばかりです。

本書は行動を促すものなので、具体的な習慣化手法にこだわって書いています。

以上が本書の開発の経緯です。さて、9つの習慣には人それぞれ強み弱みがありますので、まず、あなたの思考習慣を診断しましょう。

あなたの思考習慣を診断する

次のページ以降に診断テスト・チャート・解説資料がありますので、さっそく取り組んでみてください。

習慣 3	□「もしも……になったら」と不安や心配を雪だるま式に膨らませがちである	□心配の正体を突き止め、何をすればいいのか解決策・行動レベルまで考えを落とし込める	
	□たいした根拠もないのに、相手の気持ちを推測して、「きっと悪口を言っている」「私を嫌っているに違いない」と否定的な推察をしてしまう	□言葉じりや仕草、表情に否定的な部分があっても、「たまたまかもしれない」と否定的な印象を膨らませない	
	□よくないことが起きると、何でも自分のせいだと考えて自分を責めてしまう	□よくないことが起きた場合、適切な範囲で自分の責任を判断し、必要以上に自分を責めない	
	□自分が着目していることだけに目を向け、根拠が不十分なのに自分の考えを正しいと決めつけてしまう	□事実を中心に考えることができ、根拠のない考えは見直すことができる	
	□問題に対して解決策やアクションを考えだすことができない	□問題を具体化しどのように解決できるか、今何をすべきか考えることができる	
習慣 4	□大変な状況に陥ると感情的になりやすい	□大変なときほど冷静さを保つことができる	
	□自分の状況を冷静に客観視できない	□自分の状況を第三者の目から冷静に客観視できる	
	□大変な状況に陥ると「ずっとつらい状況が続く」ように感じてしまう	□大変な状況に陥っても過去の経験と照らし合わせて「一時的なことに過ぎない」ととらえられる	
	□視野が狭いとよく言われる	□視野が広いとよく言われる	
	□動揺したり、緊張したりしたときに気持ちをうまく切り替えられない	□動揺や緊張をしたとき、多くの視点から考え冷静になれる	
習慣 5	□会社の業績や経済全体の行く末がとても気になり心配している	□自分でコントロールできることを考え、そのことに集中できる	
	□会社の方針や上司の能力の低さに愚痴・不満が募る	□自己裁量の及ぶ範囲の仕事に集中でき、自分のスキル向上を中心に考えられる	

STEP.1 診断テスト

診断方法
①左右45個の設問があります。それぞれ対照的な内容ですので、いずれか当てはまるほうに直感でチェックをつけてください。
②次に「質問パート（右）」のチェック数を「計」欄に書き込んでください。（最大5、最小0）

［思考習慣診断テスト］

	質問パート（左）	質問パート（右）	計
習慣1	□自信がなく、自分が好きではない	□自分に自信があり、好きである	
習慣1	□自分よりできる人ばかりに着目し、比較することによって自分が劣っていると感じている	□自分と他人を客観的に比較することができ、自分の長所や強みを見出し、適切な自信を持っている	
習慣1	□私は嫌な人間だ、私には能力が足りないと感じる	□私は基本的にいい奴だ、私には能力や可能性があると感じる	
習慣1	□自分の長所より短所が気になる	□自分の長所を誇らしく感じ、短所はあくまで特性の一部ととらえている	
習慣1	□少し失敗してしまうと、「自分はダメだ、無能だ」と自己否定感が強くなる	□少し失敗しても、「自分ならきっとできる」と自己肯定感を得ることができる	
習慣2	□自分の立場を中心に考えがちで相手の立場で考えることが不得手である	□相手の気持ち・ニーズをとらえることが得意である	
習慣2	□相手のダメなところ（短所）にイライラさせられ感情をかき乱されている	□相手のダメなところ（短所）よりいいところ（長所）を見つけるのが得意である	
習慣2	□相手の発言や言葉遣いをストレートに受け止め、イライラしたり落ち込んだりする	□相手の発言や言葉遣いの真意をくみ取り、冷静に受け止められる	
習慣2	□過去、自分を傷つけた人はいまだに許せない	□過去、自分を傷つけた人を今は許している	
習慣2	□好き嫌いがハッキリしているほうである	□簡単に好き嫌いを決めないほうである	

習慣7	□決めた通りに物事が進められないと自己嫌悪に陥る	□理想や決めた通りに物事が進められなくても「最善を尽くせた」と自分を許せる	
	□うまくいくかどうかの確証が得られないと行動に移すことができない	□何事もトライアルアンドエラーだと考え、とりあえずやってみようと行動できる	
習慣8	□過去の失敗をクヨクヨといつまでも引きずる	□過去の失敗から教訓や成長を見出せる	
	□雑用や上司からの無理な仕事の依頼にただイライラすることが多い	□雑用や上司からの無理な仕事の依頼に対してもプラスの意味を見出しがんばれる	
	□未来に悲観的な予想を立ててしまいがちで、先々を考えると不安である	□きっとよくなる、何かいいことが起きると考え、楽観的な未来を描くことができる	
	□周囲の人や日々の出来事にイライラすることが多く不快な日が多い	□周囲の人や日々の出来事に感謝の気持ちを感じることが多い	
	□今の仕事に何の意味があるのか分からない	□今の仕事に自分の成長、お客様への貢献、社会への貢献を感じている	
習慣9	□土日も仕事のことをあれこれ考えてしまう	□土日は仕事のことを保留しプライベートを楽しめる	
	□やることが多いと他のことが気になって1つの仕事に集中できない	□やることが多くても、目の前の1つの仕事に集中できる	
	□自分は集中力のないほうだ	□自分は集中力のあるほうだ	
	□過去の失敗や未来の不安が常に頭に渦巻いている	□未来に多少の不安があっても、今日一日を楽しく生きることができる	
	□「もしも〜になったら」と未来の心配ばかりを膨らませる	□今考えても答えが出ないことは頭の中から切り離すことができる	

	質問パート（左）	質問パート（右）	計
習慣5	□失敗したときに「自分はもっとうまくやれたはずだ」と過去への後悔にとらわれてしまう	□過去の失敗を後悔するより課題を見つけ、今後どのように行動するかを考えることができる	
	□逆境に直面したとき、自分には何もできないと無力感を感じてしまう	□どんなつらい状況でも自分ができることは何かを考え、行動することができる	
	□結果を気にしすぎてなかなか行動できない	□ときに結果を意識せずにプロセスに集中できる	
習慣6	□過去の失敗にずっと後悔の念を持ち続けてしまう	□過去の失敗は仕方がないとあきらめられる	
	□経済環境や会社の方針に焦点が当たり、いつも不満と不安が渦巻いている	□経済環境や会社の方針は不変のものとして、仕方がないと受け入れている	
	□すでに起きた不運な出来事（病気や事故）を受け入れることができず後悔を続けている	□すでに起きた不運な出来事（病気や事故）は運命ないし自分の一部として受け入れている	
	□経験したことがないつらい出来事が起きたら自分には耐えられないだろうと考える	□どんなつらい出来事が起きても、最悪の事態を想定して受け入れることができる	
	□少しでも思い通りにならないことがあるとイライラや不安を感じやすい	□思い通りにならないことは常にあると考え、理不尽な状況も受け入れることができる	
習慣7	□こうあるべき、こうすべきと唯一の基準を自分に課し必要以上にプレッシャーをかける	□多少の例外や間違いがあっても自分や他人を許容できる	
	□初めての仕事やチャレンジには過剰に緊張と不安を感じる	□初めての仕事やチャレンジではある程度の失敗リスクを自分に許している	
	□灰色（あいまいな状態）に耐えられず、物事を白か黒かという極端な考え方で割り切ろうとする傾向がある	□物事には灰色（あいまいな状態）もあると考え、白か黒以外に複数の基準を持つことができる	

参考例

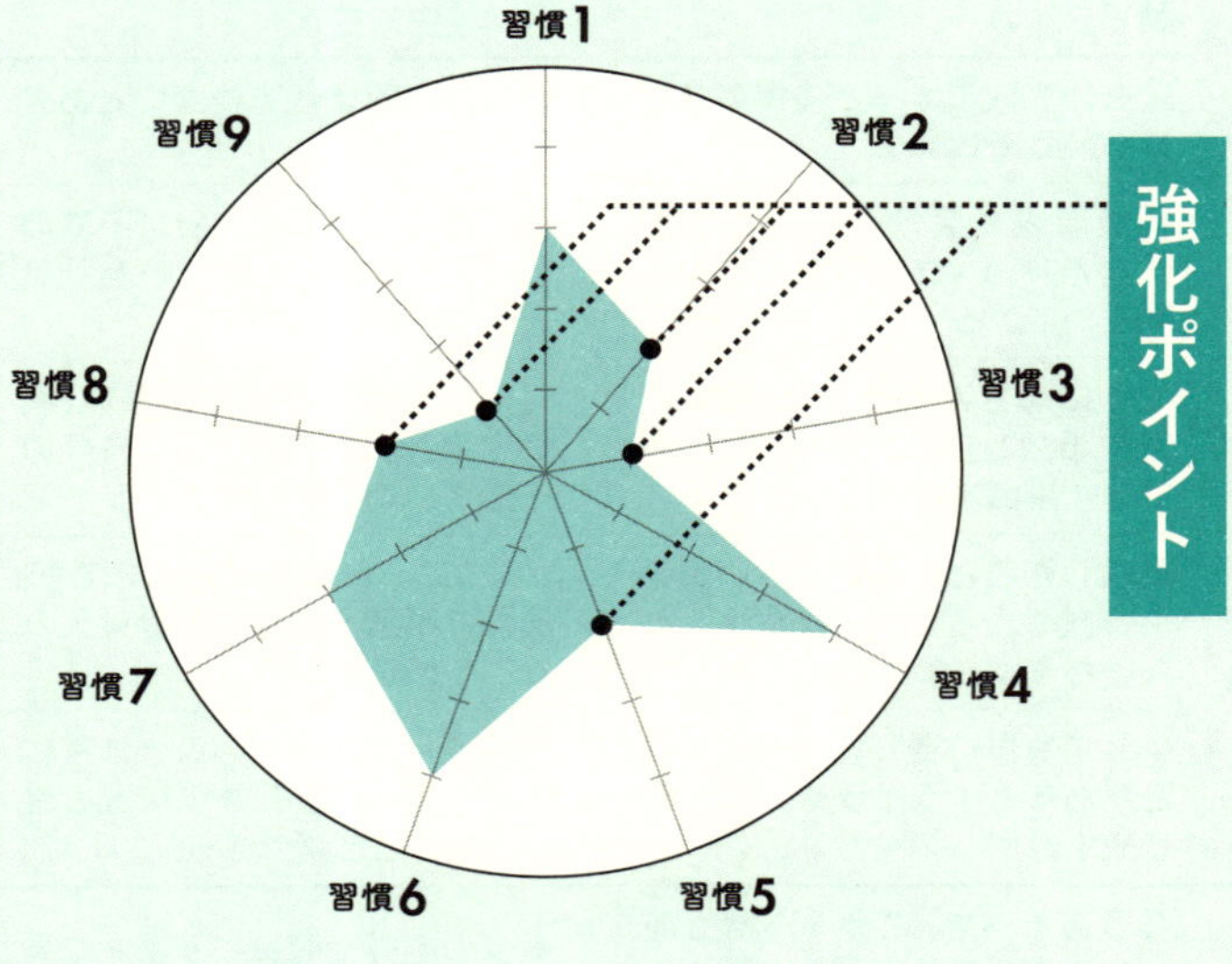

各習慣の該当する点数に印を入れ、隣の習慣の印と直線で結ぶ。すべての印を結んで多角形ができたら、へこんでいる習慣に着目して、自分が強化すべき習慣をチェックする。

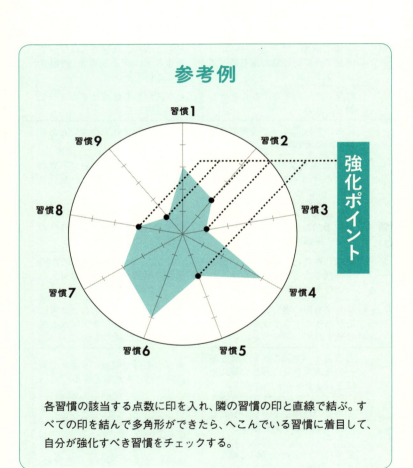

STEP.2 スパイダーチャート

下のチャートの、先ほど集計した習慣1〜9それぞれが該当する点数に印を入れてください。

右ページに参考例を載せておきます。

［記入用チャート］

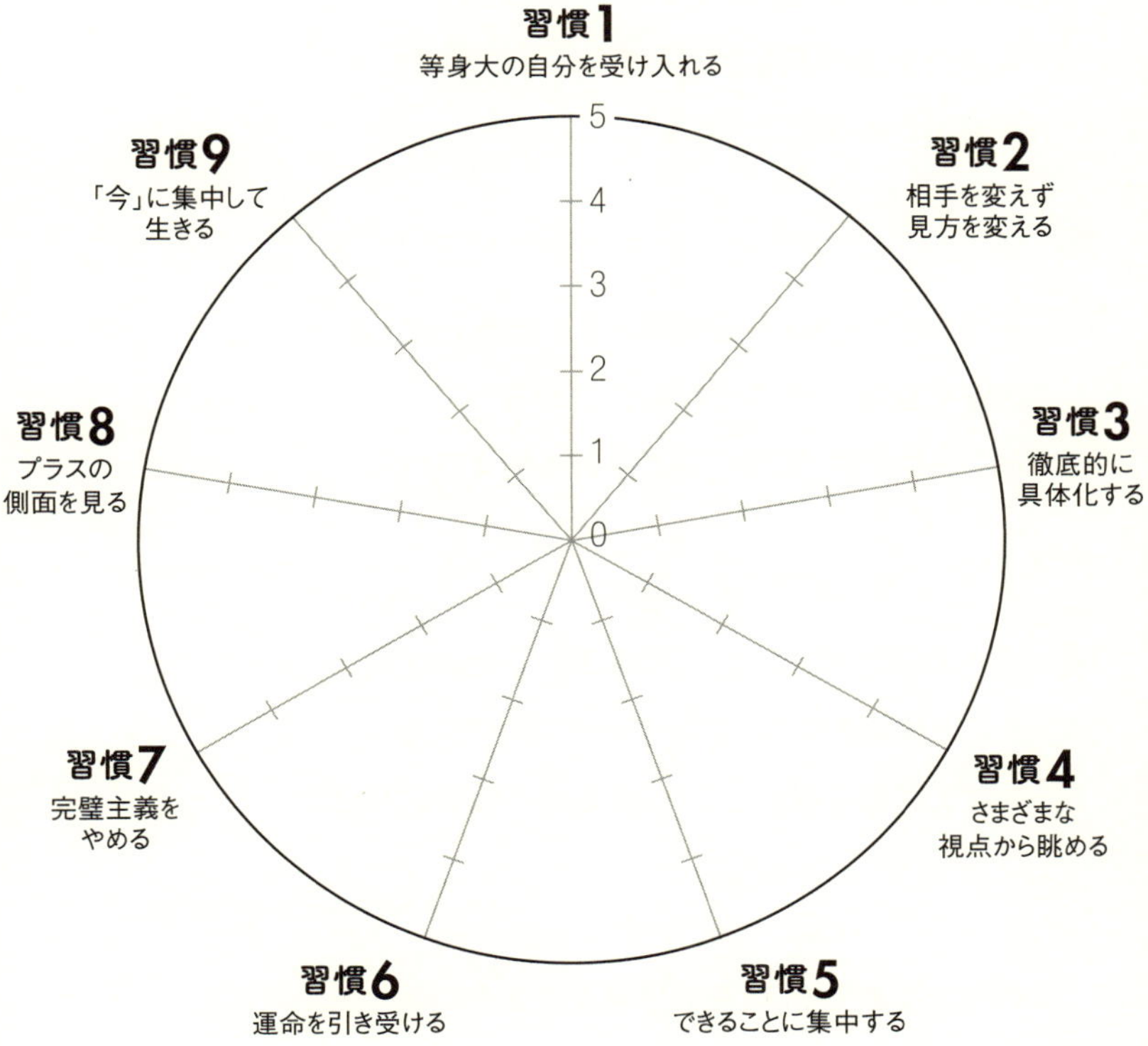

思考習慣 5 できることに集中する

変えられないことではなく、自分ができることに焦点を絞り行動することができる。

1. 愚痴や不平不満をあまり言わない
2. 空回りせず、すぐ行動に移すことができる
3. 物事を先延ばししない

思考習慣 6 運命を引き受ける

置かれた環境やつらい状況など自分では変えられないことを受け入れることができる。

1. 自分ではどうしようもないことに悩まない
2. 未来の予測不能な問題を気にすることはない
3. 過去の失敗を引きずらない

思考習慣 7 完璧主義をやめる

0点か100点かの極端な思考から抜け出し、複数の基準を設定することで柔軟に考えることができる。

1. 多少できていないことがあっても自己否定しない
2. 完璧を目指さず、すぐ行動に移せる
3. ミスを恐れず、臨機応変に手順を変えられる

思考習慣 8 プラスの側面を見る

過去の出来事、未来への挑戦に意味や感謝を見出すことでモチベーションを高めることができる。

1. 過去の出来事だけでなく、未来にも視線が向いている
2. 新しい挑戦をするエネルギーが湧いてくる
3. つねに感謝を見い出し、人間関係を良好に保てる

思考習慣 9 「今」に集中して生きる

過去の後悔や未来の不安をいったん脇に置いて、今この一瞬に集中することができる。

1. あれこれ考えず、集中力を維持できる
2. 土日はきっぱり仕事のことは考えないでいられる
3. 将来のために、今を犠牲にしない

STEP.3 9つの思考習慣の概要

９つの思考習慣の概要を一覧表でご紹介します。あなたの診断結果と見比べて、強化したい思考習慣を身につけることで何が得られるか、把握しておきましょう。

思考習慣 1 等身大の自分を受け入れる

長所も短所も含めて等身大の自分を受け入れることで適切な自信を持っている。

1. 自分に自信を持っている
2. すぐに落ち込まない
3. 必要以上に自分を責めない

思考習慣 2 相手を変えず見方を変える

人間関係において相手を変えようとするのではなく、自分の見方を変えることで感情のわだかまりを解消できる。

1. 苦手な人が少ない
2. イライラすることが少ない
3. 他人を信用できる

思考習慣 3 徹底的に具体化する

不安や恐怖に直面したときに、曖昧さを排除し具体化することで解決策を考えることができる。

1. 掴みどころのない不安に打ちひしがれることがない
2. ただ悩むのではなく具体的な解決の糸口を見つけられる
3. 不安があっても膨らませることがない

思考習慣 4 さまざまな視点から眺める

自分の立場から離れ、多くの視点（過去・未来・相手・第三者）から考えることで常に冷静さを保つことができる。

1. 感情のコントロールが上手にできる
2. 視野が狭く、顧客や相手の立場で考えられる
3. アイデアが生まれてきやすい

いますぐ実践！
そのスキルを身につけるために
早速実践したいことを具体的に紹介。

［2つ目の見開き］

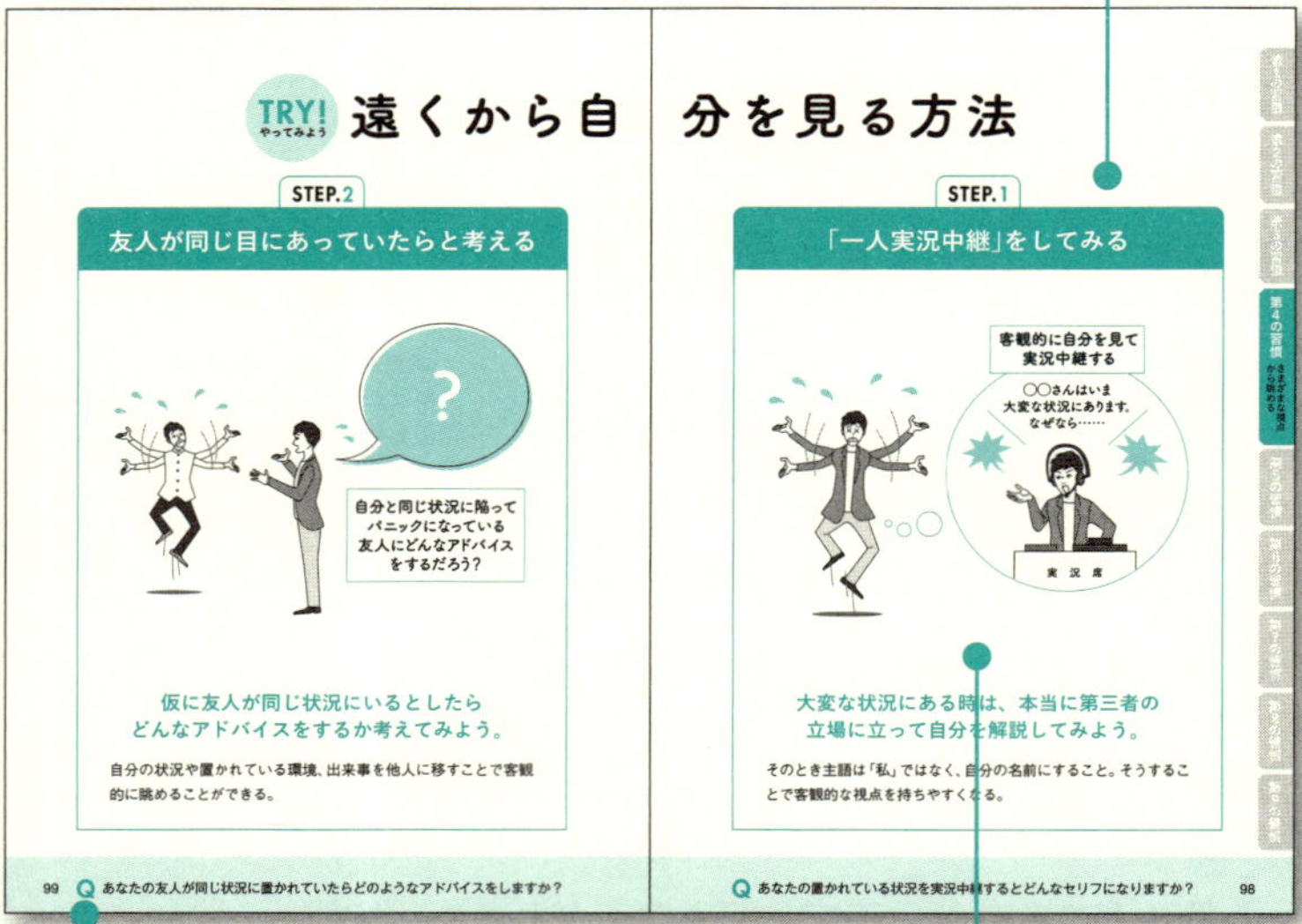

やるべきことをひと目で理解。
文字を読みたくないときは、この図だけ眺めればやるべきことがすぐにわかる。

質問に答えてプラス思考に転換！
マイナス思考がいますぐプラスに変わる2つの
質問を各項目に掲載。

本書の使い方

エッセンスを一言で理解。
各スキルでいちばん大切なことを一言で表現。

［最初の見開き］

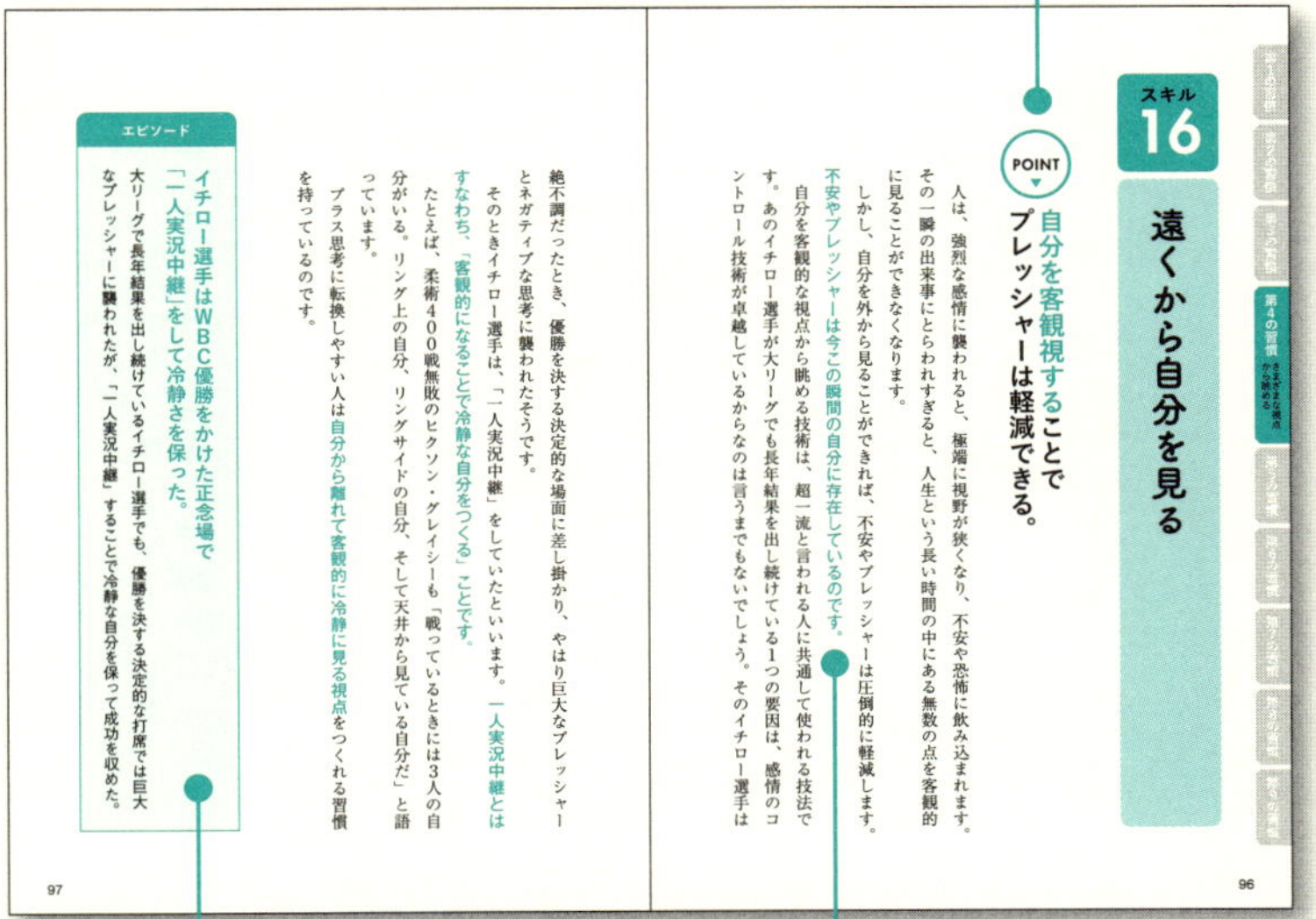
スキル 16

遠くから自分を見る

POINT

自分を客観視することでプレッシャーは軽減できる。

人は、強烈な感情に襲われると、極端に視野が狭くなり、不安や恐怖に飲み込まれます。その一瞬の出来事にとらわれすぎると、人生という長い時間の中にある無数の点を客観的に見ることができなくなります。

しかし、自分を外から見ることができれば、不安やプレッシャーは圧倒的に軽減します。不安やプレッシャーは今この瞬間の自分に存在しているのです。

自分を客観的な視点から眺める技術は、超一流と言われる人に共通して使われる技法です。あのイチロー選手が大リーグでも長年結果を出し続けている1つの要因は、感情のコントロール技術が卓越しているからなのは言うまでもないでしょう。そのイチロー選手は絶不調だったとき、優勝を決する決定的な場面に差し掛かり、やはり巨大なプレッシャーとネガティブな思考に襲われたそうです。

そのときイチロー選手は、「一人実況中継」をしていたといいます。一人実況中継とはすなわち、「客観的になることで冷静な自分をつくる」ことです。

たとえば、柔術400戦無敗のヒクソン・グレイシーも「戦っているときには3人の自分がいる。リング上の自分、リングサイドの自分、そして天井から見ている自分だ」と語っています。

プラス思考に転換しやすい人は自分から離れて客観的に冷静に見る視点をつくれる習慣を持っているのです。

エピソード

イチロー選手はWBC優勝をかけた正念場で「一人実況中継」をして冷静さを保った。

大リーグで長年結果を出し続けているイチロー選手でも、優勝を決する決定的な打席では巨大なプレッシャーに襲われたが、「一人実況中継」することで冷静な自分を保って成功を収めた。

96　97

ここだけ読めばOK!
解説文をすべて読まなくても、
色がついた部分を読めばざっくり理解できる。

事例で理解を深めよう。
そのスキルにまつわる具体的なエピソードを紹介。

書くことが習慣をつくる

考え方の習慣を変えるためには、思考を客観的にチェックすること、「書く」ことが重要です。頭の中でモヤモヤ考えていると思考をコントロールすることが困難です。特に、新しい思考習慣を適用するにはノートに書くことが大前提となります。

習慣化のために、本書用の「思考習慣ノート」を1冊準備してください。

また、本書で紹介する思考習慣は一時的にマイナス思考から抜け出すためだけでなく、長期的に思考習慣を変えるために役立ちます。ただしそれには6カ月ほどは時間がかかることを念頭に置いてください。しかしその後はマイナス思考に陥ることが劇的に減るでしょう。

最後に、本書の内容を知識ではなく知恵にしてください。

知識と知恵の違いは、体験が加わるかどうかです。この本で提供しているのは知識までですが、実践で使うという体験があって初めて知恵に変わります。

それでは、第1の習慣から見ていきましょう。

自分自身を愛するということ
それは、一生続くロマンスである
——劇作家 オスカー・ワイルド

第1の習慣
等身大の自分を受け入れる

第1の習慣を身につけるためのスキル

01 「差」ではなく「違い」ととらえる
02 多様な自分を許す
03 自分ルールを見直す
04 自分軸をはっきりさせる
05 成長していく自分を楽しむ

スキル 1

「差」ではなく「違い」ととらえる

POINT

等身大の自分を受け入れると、劣等感を抱かず自分に期待できるようになる。

マイナス思考から抜け出しやすい人は**等身大を受け入れている人**です。長所も短所もあることを前提にしているので、他人と比較するにしても「差」の観点だけではなく「違い」の観点からとらえることができます。

自分で自分をどう思うのかを「自己評価」といいますが、この**自己評価が低いと、何をやっても劣等感や自己嫌悪感に苛まれストレスが溜まり、ネガティブに物事をとらえがちになります。**他人の長所と自分の短所を比較して劣等感を抱くのです。

知人で東大出身、大学時代モデルをやっていた男性がいます。まわりから見ると羨ましいほどの完璧さですが、彼は自己評価が低いのです。それは、子どもの頃からずっと「〇

○君に負けている」と、親に他人と比較され続けてきたから。東大に入れば上には上がいるし、モデルの世界でも同じ。どの世界でも自分は中途半端だと思っているのです。

一方、『五体不満足』の著者・乙武洋匡さんは、両手両足が不自由な状態で生まれてきたにもかかわらず、同書を読むと自己評価の高さが分かります。それは、彼が五体不満足で生まれてきたときに、ご両親が「この子は生まれてきたときから個性的なのだ。他の子と比べないようにしよう」と考えを改めたからだと言えるでしょう。

このように自己評価が適切だと、失敗をしても次に期待できたり、今回の経験で学ぶことはあったと失敗を受け入れたりすることができます。それには**等身大の自分と常に付き合える自分をつくることが大切**です。

エピソード

『五体不満足』の著者・乙武洋匡さんは、「人と違って当たり前」と育てられたことで、高い自己評価を持っている。

乙武さんのご両親は、洋匡さんが五体不満足で生まれてきたときに、「この子は、生まれてきた時から個性的だったんだ。ミルクの量や睡眠時間だって、人と違ってあたりまえ。他の子と比べないようにしよう」と考えを改めたという。

を高める方法

STEP.1

自分のよいところを見る習慣をつける

**短所を拡大解釈したり
長所を過小評価したりせず、
客観的に自分のよいところを捉えよう。**

飲み会などでは場を盛り上げる人ばかりが注目されがちだが、全員が盛り上げ役である必要はなく、まわりに気を遣って飲み物を注文してあげる配慮のある人も十分に素敵な存在。

Q あなたが過去に言われた褒め言葉は何ですか？

TRY!
やってみよう

自己評価

STEP.2

失敗はあくまで行動の失敗ととらえる

昨日のデートで失敗……
昆虫料理
お店選びが原因……？

何かに失敗しても、過剰に自分を責めるのではなく あくまで行動や方法が失敗しただけだと 切り分けて考えよう。

たとえばデートで失敗しても、お店選びや話題の振り方がうまくなかったのだと考えること。「なんで自分はダメなのか」という思考に陥ってはいけない。

Q 人と比べて「短所」と思っていることの中で、「違い」と考えられることは何ですか？

スキル 2

多様な自分を許す

POINT

多様な自分を受け入れることでよい変化が生まれる。

一見短所に見えることの中にも、その人らしさや持ち味となっていることはたくさんあります。欠点を直しすぎないほうが人間らしくていいし、他人から共感を得ることもあります。完璧な人には隙がなく気が許せないものです。

心理学者リンビル氏が構築した「自己複雑性の理論」というものがあります。簡単に言うと「自分を多面的にとらえず単純にとらえている人は挫折に弱いが、**自分を多面的にとらえている人は挫折に強い**」ということです。

たとえば、自分は強い人間だ、泣いてはいけない。自分はいつも努力を怠ってはならないなどと単純化してとらえる人は、自己否定しがちになるのです。なぜならば、泣きたいときもあるし、怠けたいときだってあるからです。

しかし、自分はいい加減なときもあるし、几帳面なところもある。内向的な面もあるし、外交的な面もあると多面的にとらえられる人は「ああ、またやっちゃったな」と自分を許すことができます。

今の自分を受け入れると、欠点も直視できます。自己評価が低いと直視できません。高すぎる人は欠点を指摘されると相手を攻撃しがちです。

つまり、**等身大の自分を受け入れて初めて、よい変化のスタートラインに立てる**のです。

また、あるがままの自分を常に愛するというのは豊かに生きるために必要なことなのです。

エピソード

歴史に残る名選手の一人、長嶋茂雄氏は、天然で自由奔放であるがゆえにファンに愛されている。

ミスター巨人、長嶋茂雄氏は、華麗なプレーなど長所もさることながら、お茶目な伝説もたくさん持っている。「行きは車で来て、帰りは車を忘れて電車で帰ってきた」「野球の指導は擬音語ばかりでよく分からない」など。すべて完璧ではカリスマにはなれなかったはず。

受け入れる方法

STEP.1

自分の中にある多様性を書き出す

どのような相反する自分がいるか、考えてみよう。

「○○だけど△△な部分もある」のが人間というもの。これを矛盾ととらえるのではなく、自分が持つ多様な一面として、ひとまず全部書き出してみよう。

Q あなたの中にある矛盾した面は何ですか？

TRY! やってみよう

多様な自分を

STEP.2

書き出した項目を受け入れる

**多様性の範疇《はんちゅう》で済ませられる
自分の多面性は受け入れよう。**

どうしても直したい、改善したい部分は別にして、「それも自分だよね」と許せる部分はあるがままの自分として受け入れよう。

スキル3

自分ルールを見直す

POINT

過剰な自分ルールを緩めることで、自分に寛容になり、ストレスから解放される。

自分ルールとは、「自分は○○であるべきだ」「自分は○○しなければならない」という無意識に働いている指令です。脳は自分に対するルールをつくる傾向があります。

自分ルールは無意識的に思い込んでいるもので、思考と行動を左右しています。自分ルールは、主に幼少期（7歳ぐらいまで）に親に言われ続けた言葉や環境によってつくられたものが多いのです。

「自分はこうあるべきである」「自分はこうでなければならない」という自分ルールは一見、規律ある厳格さをイメージさせます。いい側面もありますし、自分ルールがまったくない人は好ましいとはいえません。

しかしこのように「こうあるべきだ」「〜でなければならない」と**過剰に自分を追い込むルールがありすぎるとストレスが溜まりやすくなったり、自分を苦しめ自己嫌悪に陥ります。**なぜならば、自分ルールに合わない限り、NGと判断し、自分を過剰に責めるからです。結果、「いつも自分はダメだ」「自分はがんばっていない」「自分は中途半端だ」という言葉を自分に投げかけてしまいます。

自己評価が低い人は、極端な自分ルールを数多く持っています。しかし、過剰な自分ルールが多すぎると生活も人生も不自由です。

ちなみに、自分ルールが厳しい人は同じルールで人にも厳しいものです。自分のルールを緩め、自分に寛容になることは他人に寛容になることと同じなのです。

エピソード

心理学では、自分を駆り立て、そうせざるを得なくなるものとして「5つのドライバー」という考え方が知られている。

その5つとは、①「完全であれ」(私は常に完璧を目指すべきだ)、②「他人を喜ばせろ」(私は相手をがっかりさせてはならない)、③「もっと努力せよ」(私は決して怠けてはならない)、④「急げ」(私はもっと早くするべきだ)、⑤「強くあれ」(私は強くあるべきだ)。

を見直す方法

STEP. 1

自分の中にあるルールを数値化する

どんな重いルールが働いているか、数値化することで見極めよう。

仕事でもプライベートでも、自分の中で働いているルールを5つのドライバーを参考に書き出し、それぞれ10点満点中何点か数値化してみよう。

Q あなたの中にあるストレスを生み出す自分ルールは何ですか?

TRY! やってみよう 自分ルール

STEP.2

重いルールを緩める

**特に重いルールは緩め、
過剰なルールは自分から切り離そう。**

点数が高く、自分にとってストレスになっているルールを選び、それを緩めるように「〜べきだ」を、「〜であるほうがよい」など新しい言葉で置き換えてみよう。

Q その自分ルールをどのような言葉に置き換えると楽になれますか？

スキル4

自分軸をはっきりさせる

POINT

自分の成長を確認できると、等身大の自分を愛せるようになる。

2006年トリノオリンピックで金メダルを獲得した荒川静香さんのような一流アスリートでさえ、葛藤しながらネガティブな状態に陥るといいます。常に自己評価は揺れ動くものなのです。

そんなとき荒川さんは、他人ではなく昨日の自分に勝とうと考えて心を立て直したそうです。「他人ではなく、過去の自分と比較する」を実践していたのです。

自己評価が低い人は他人と比べたくなります。他人との相対的な比較の中でしか自分の存在を認めにくいからです。社会の基準や他人の価値観で評価され自己評価を安定させようとしてしまいます。

しかし、**比較するほど他人がすごく見え、自分がダメに見えて劣等感に苛まれる**のです。

社会の価値観や会社の基準で人と比較されることは避けられませんが、自分が自分を評価するときに他人との比較の中だけでしか自己評価できなければ、自分らしく生きることはできません。では、どうすればいいのか？

1つの方法は、**自分軸を明確にすること**です。あなたが「どんな人になりたい」のか、「何をしたい」のか、「どんな価値観を持っている」のかをハッキリさせることが自分軸をつくることになります。

そして荒川さんのように、**過去の自分と比較して少しでも成長し、ありたい姿に一歩一歩近づく**ことで、等身大の自分も同時に愛せるようになるのです。

エピソード

オリンピック金メダリストのスケート選手、荒川静香さんは、他人とではなく過去の自分と競争している。

荒川さんはインタビューで、「私にとって大事なことは、順位やメダルではありません。世界選手権で優勝したときの自分より、成長できたかどうか。あのときと同じ力、同じ演技になってしまえば、それは『不本意な結果』ということになってしまう」と語っている。

きりさせる方法

STEP.1

自分の目標をつくる

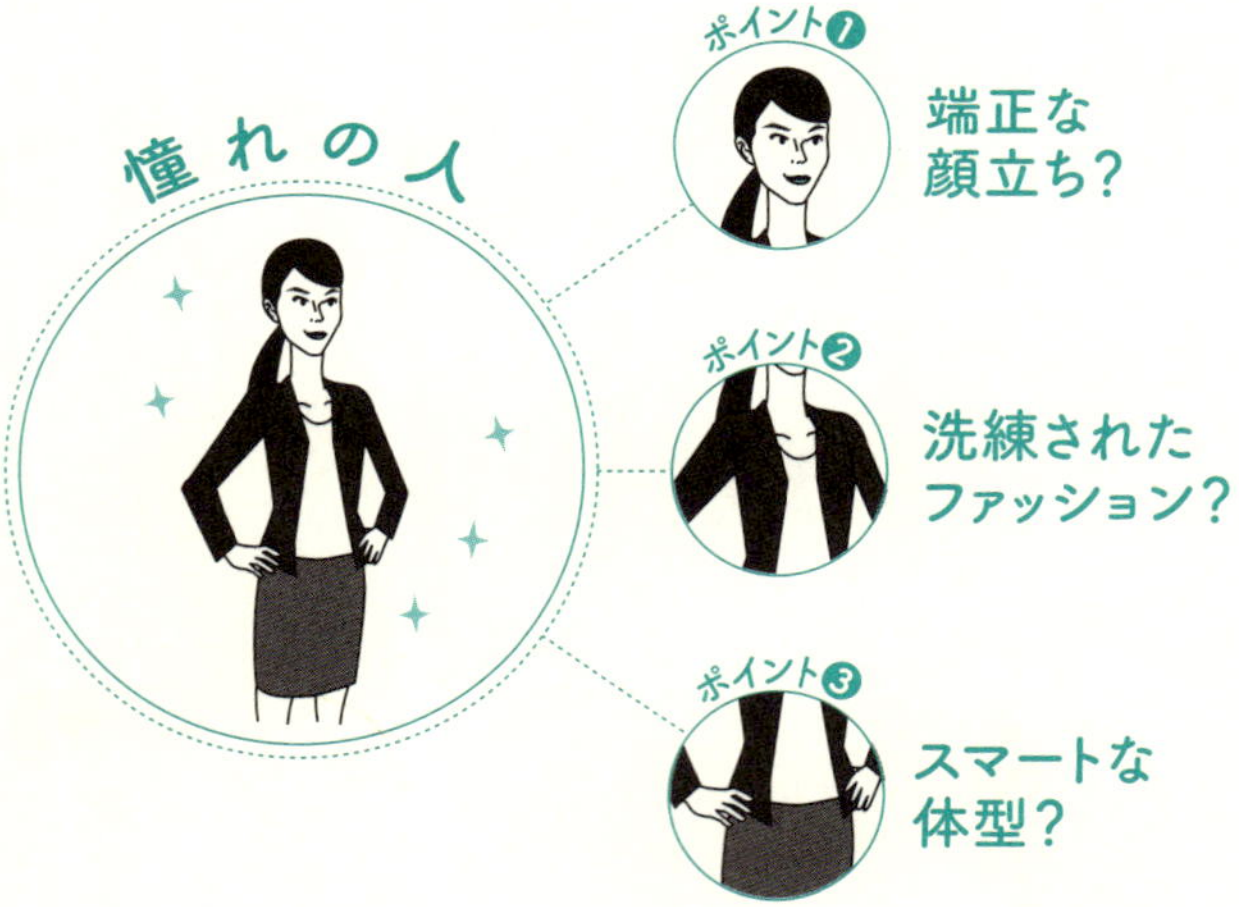
憧れの人
ポイント1
端正な
顔立ち？
ポイント2
洗練された
ファッション？
ポイント3
スマートな
体型？

**憧れの人がいるなら、
その人の何に憧れているのか具体的にしよう。**

目標やなりたい姿を描く上で大切なのは、「できるかどうか」をいったん脇において考えること。理想とする人がいる場合は、その人の何に憧れているのかを具体的に考えよう。

TRY!
やってみよう

自分軸をはっ

STEP.2

自分欲求を明確にする

自分が何をしているときに
一番ワクワクしているかを考えよう。

自分欲求とは、「自分が何にワクワクするのか」のツボのこと。過去に自分がワクワクしたことをリストアップすることで、何が自分をワクワクさせたのかを深く探求することができる。

Q あなたはどんなことにワクワクしますか?

スキル 5

成長していく自分を楽しむ

POINT

成長している実感を積み重ねることで現状の自分を受け入れることができる。

心理学の理論によれば、**人は誰しも、成長し続けたいという根本的な欲求を持っています**。年初の目標を立てるにしても、資格を取る、英語の勉強をする、習い事を始めるというのは、すべて成長欲求を満たしたいからです。

そこで**大切なのは、成長しているという事実より、成長を感じられるかどうか**ということ。成長していても実感できなければ欲求は満たされません。しかし「成長感」が積み重なれば、未来の自分に希望が持て、ひいては現状の自分を受け入れることができます。

私のクライアントでも、「自分に自信がない」という方には、**今日一日で学んだこと、成長したことを3つ考えて報告してもらう**ようにしています。すると、1カ月もすれば常に成長している自分に気づけ、自己評価が高まっています。毎日を振り返るのが楽しくなった、将来の自分に希望が持てるようになったという声がたくさん返ってきます。

この作業をやらなければ、いつもの思考パターンで「なんであんな失敗をしたんだろう」「また次も同じ失敗をするんじゃないか」「私はいつもダメだ」と自分を責めて意欲が落ちてきます。

失敗に思えるような出来事からでも、成長したことを探す作業が、成長感を感じる一番の方法です。不完全だからこそ発展の余地がある。発展途上の自分に期待できるようになると自分が好きになります。そして自己成長に集中できれば他人との比較をやめて自分の基準で生きることができるようになるのです。

エピソード

起業家として多くの事業を成功させてきた福島正伸先生は、「人生には成功と成長しかない」と言っている。

先生曰く、やり続ければいつか成功する、失敗から学べばそれは成長している。だから、人生には成功と成長しかない、と。さらに、人生の結果よりも「成長そのものに喜びを感じる」ことが大切だとも強調する。

自分を楽しむ方法

STEP.1

プラスの視点で一日を振り返る

その日一日でうまくいったことや
発見したことを考えてみよう。

一日を振り返り、できたことや成長したこと、学んだことなどをノートに書き出してみよう。その際、まずは反省するのではなくプラスの視点から振り返る習慣をつけよう。

Q 今日あなたが得たこと、学んだことは何ですか?

TRY! やってみよう 成長していく

STEP.2

さらに成長するための行動を考える

**課題を振り返るときは、
自分と向き合い行動志向の質問をしよう。**

一日を振り返って反省するときは、「次はどう工夫する？」など行動志向の質問をすることがポイント。

第1の習慣
等身大の自分を受け入れる

まとめ

スキル 1 他人と比較してしまうときは？

▶ 自分の長所を見つけ、他人とは「差」ではなく「違い」があると考える

スキル 2 自分を否定しがちなときは？

▶ 自分の多様性を書き出し
自分らしさとして受け入れる

スキル 3 自分ルールで苦しい状況にあるときは？

▶ 厳しすぎる自分ルールを見つけ
新しい言葉に置き換えて楽になる

スキル 4 劣等感に苛まれるときは？

▶ 自分軸をハッキリさせて
なりたい姿を明確にする

スキル 5 自分に自信がないときは？

▶ その日の成長を振り返り
さらなる成長への行動を考える

真心をもって人を助ければ、
必ず自分も人から助けられる
これは人生のもっとも美しい
補償のひとつである
——アメリカの思想家　ラルフ・エマーソン

第2の習慣

相手を変えず見方を変える

第2の習慣を身につけるためのスキル

スキル 6

「違い」に寛容になる

POINT

価値観が違う相手と力を合わせることでより高いパフォーマンスを実現できる。

私は研修で、コミュニケーションの4つのタイプ分け（株式会社コーチA開発）を使って、「違い」を尊重するワークをしています。そのタイプとは、自分の思い通りに物事を進めたい「①コントローラー」、多くの人と楽しく物事を進めたい「②プロモーター」、慎重に完璧に物事を進めたい「③アナライザー」、人のサポートをしながら物事を進めたい「④サポーター」の4つです。それぞれ、タイプごとに集まって話し合いをし、発表し合うことで、**自分の価値観を通して相手を見ていた**ことに気づくのです。

かつて私には、大嫌いな上司がいました。報告に行くといつも、「お前の話は分からない」と言われるため、会社に行くのが憂鬱な日々が続きました。

しかし、このタイプ分けを知り、その上司が分析型の③であることを把握した私は、なるべく具体的な事例をもとに報告してみたところ、分かりやすいと褒めてもらえるようになったのです。また、難しそうにしかめっ面をしているのもアナライザーの特徴だと思えば、嫌いだったその上司を理解できるようになりました。

私たちは、自分と価値観が同じ人を好み、価値観が違う、考えが違う人を遠ざけようとしがちです。しかし、仕事では価値観の違う人同士が力を合わせてこそ高い成果を出せます。よって、「違い」を尊重し個性の違う人と一緒に仕事をしていかなければなりません。

大切なことは、相手を変えることではなく、見方を変えて違いを受け入れることです。

エピソード

「ウサギとカメ」の童話をインド人に聞かせると、昼寝しているウサギを起こさなかったカメが悪いと言う。

宗教学者のひろさちや氏によれば、この童話は国によって解釈が異なる。日本人の多くは、コツコツ努力したカメが最後は勝つのだとカメに好意的な見方をするが、インド人は皆「声をかけるのが友情だ。カメには友情がない」とカメに否定的な見方をするという。

容になる方法

STEP.1

「違い」を見る視点を増やす

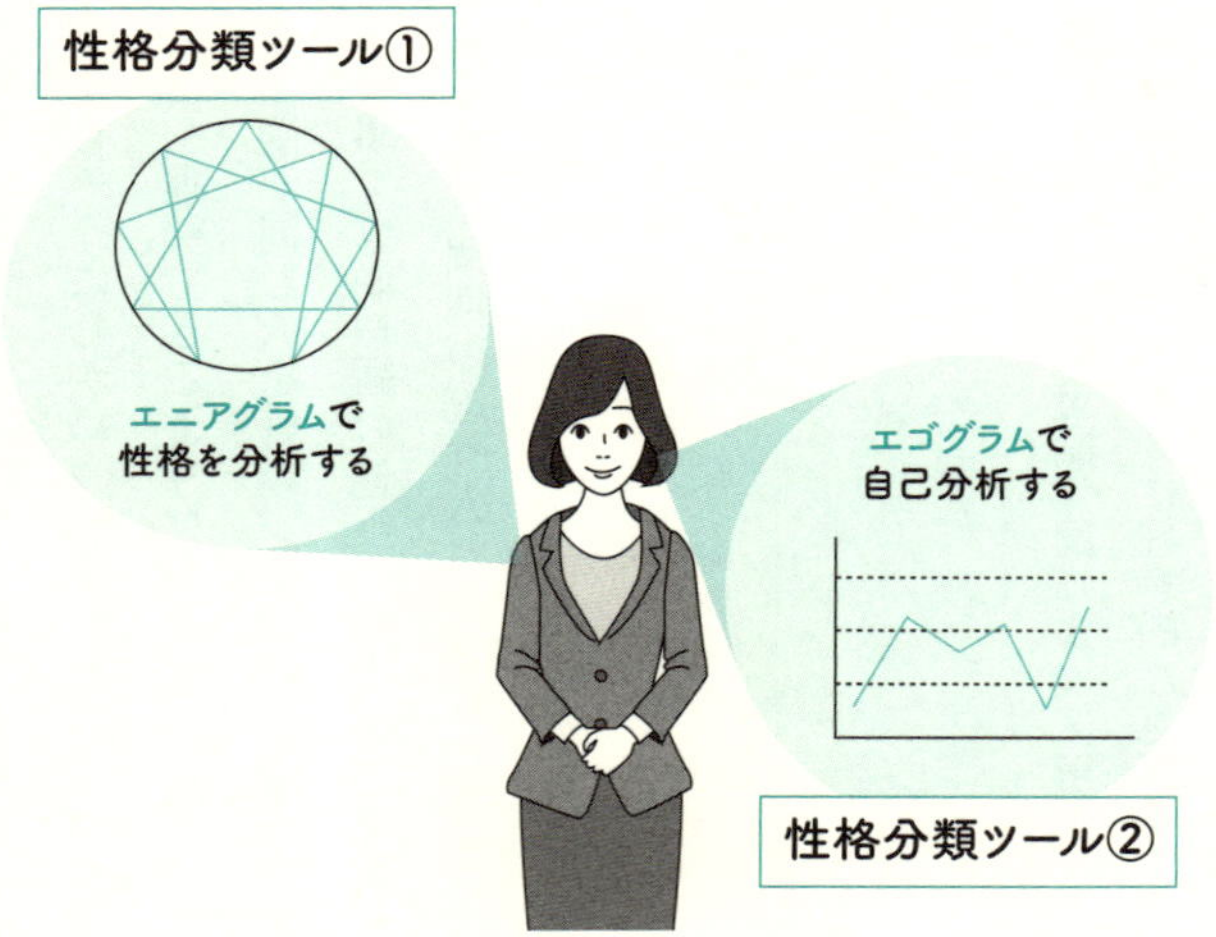
性格分類ツール①
エニアグラムで
性格を分析する
エゴグラムで
自己分析する
性格分類ツール②

さまざまな性格分類ツールで自分を深く知り、他人を見る視点を増やそう。

人は、自分を通して相手を理解しようとするので、自分と相手を客観的に見るためには、優れた性格分類のツールを使って自分を深く知り、他人を見る視点を増やすことが大切。

Q あなたが嫌いな人はどんな性格特性を持っていますか？

TRY! やってみよう

「違い」に寛

STEP.2

観察して受け入れる

**増やした視点で普段から人を観察し、
違いを受け入れる受容力を磨こう。**

違いを見る視点を増やしたら、普段から人を観察して、それぞれの違いを受け入れる受容力を磨こう。それが等身大の自分を受け入れることにもつながる。

スキル 7

本当に相手の立場で想像する

POINT

相手の立場に立つと、自分の立場では見えなかったことが見えてくる。

私たちは人間関係において相手にイライラや憎しみの感情を抱いているときには**極度に視野が狭くなり、自分の立場からしか物事が見えていない**ものです。特に、嫌いな相手がいるときなどは、相手の立場に立ってみると自分の立場からでは見えないことがたくさんあります。

たとえば、大嫌いな上司がいるときには「諸悪の根源はあの上司の人格だ。私は悪くない。いつもちゃんとやっているのに、あんな言い方はヒドイ」と一方的に被害者意識を持っています。

事実は1つです。しかし、見方は複数あります。それが証拠にその上司を部下全員が同じように思っているわけではないはず。自分の価値観を通して見ていたり、一部の嫌な部分だけに焦点を当てて相手を評価していたりするのです。

私たちの脳は物事をあるがままに見られず、単純化して自分の価値観を通して相手を判断しています。

後ほど紹介するワークで、本当に相手の立場になってみると、驚くほどに世界が違うことに気づきます。部下を持つ上司の立場に立てば、今まで思ってもいなかったことがいろいろ見えてきます。

そして相手の立場に立って理解すると、自分自身のことも理解できるようになります。

エピソード

頑固で厳しい父親に感謝の意を伝えた娘は、寂しかった父の気持ちがようやく理解できた。

読んだ人の9割が涙したという名著『鏡の法則』によれば、いじめられている子どものために、心理カウンセラーからの助言で長年不仲だった自身の父に電話で感謝の意を伝えた主人公が、泣き崩れる父と話すうち、父のほんとうの気持ちをようやく理解できたという。

で想像する方法

て、その感情を想像してみよう

①目の前にいる相手を感じたときに、どんな感情が湧いてきますか？　また、思っていることを直接言葉にしてください。

①「自分」になりきる

彼は熱意はあるんだけど、ミスが目立つのが気になる。
自分
相手

②第三者の立場になる

意思疎通がうまく取れていない……？
自分
相手

②本当に自分をイスに残して客観的な第三者になりきってください。深呼吸をして俯瞰して２人をゆっくり眺めます。

③「相手」になりきる

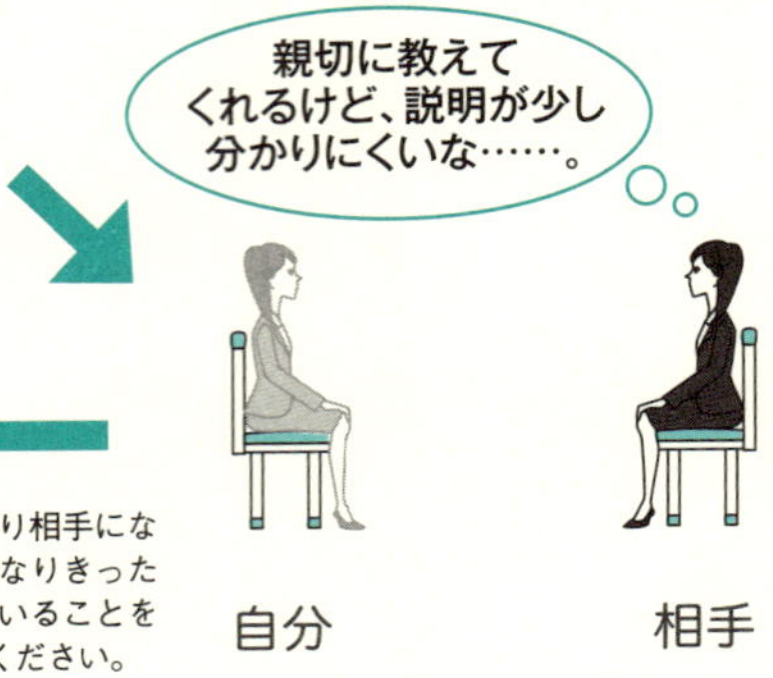

親切に教えてくれるけど、説明が少し分かりにくいな……。
自分
相手

③感情のわだかまりを捨てて、イスに座り相手になりきります。目をつぶって、相手に十分なりきったら目を開けてください。そして、思っていることを目の前にいる「あなた」に言葉で伝えてください。

Q 相手の立場になったとき、どんなことを感じましたか？

TRY!
やってみよう

相手の立場

自分、第三者、相手の立場に立っ

④また、相手を置いて第三者の立場になります。そして2人を俯瞰します。

④再度第三者の立場になる

私がもう少し簡潔に
説明すればいいかも?
自分
相手

⑤再度「自分」になりきる

彼に率直な
意見を聞いて
教え方を改めよう!
自分
相手

⑤目をつぶり、自分に戻ったら深呼吸をして目を開けます。そして、今、感じていること、相手に伝えたいことを言葉にしてください。相手の立場を体験することで、今まで考えもしなかったこと、気づかなかったことなど新しい発見があるはずです。

**実際にイスを2つ用意して、
座る位置を変えてみると臨場感がある。**

Q すべてのワークを終えて、今どのような感想を持っていますか?

スキル 8

どうしても許せない人を許す

POINT

相手を許すことでストレスが減り、人間関係が良好になる。

インド独立運動の精神的指導者として知られるマハトマ・ガンディーは、イスラム教とヒンズー教の争いをなくそうと命がけで取り組み、瀕死の断食までしましたが、ヒンズー教原理主義者の1人に暗殺されてしまいます。

ピストルで3発の弾丸を撃ち込まれたとき、ガンディーは自らの額に手を当てたといわれています。これはイスラム教の動作で「あなたを許す」を意味するそうです。

ガンディーのような精神を持つことは常人の私たちには真似できないにしても、**「許す」ことがどれだけ重要かは強調するまでもありません。**

誰しも過去の出会いの中で許せない人がいるのではないでしょうか？　自分をいじめた

人、裏切った人、昔の恋人、暴言を浴びせた人などです。

ノートルダム清心学園前理事長の故・渡辺和子さんは著書『置かれた場所で咲きなさい』（幻冬舎）の中でこう書いています。

「人間は決して完全にわかり合えない。だから、どれほど相手を信頼しても、100％信頼しちゃだめよ。98％にしなさい。あとの2％は相手が間違った時の許しのためにとっておきなさい」

人間関係でストレスを感じやすい人は「許す」のがあまり得意ではありません。しかし**許すことでストレスが減り、人間関係が良好になります。**自分のためにも相手を許す習慣をつけましょう。

エピソード

「許すということは強さの証だ」と言ったガンディーは、胸に弾丸を撃ち込まれた死の間際でも相手を許した。

ガンディーが残した言葉からは、相手を許すということの力を学ぶことができる。「弱い者ほど相手を許すことができない。許すということは強さの証だ」「私は非暴力は暴力よりも優れており、許しは罰よりも雄雄しい勇気と力がいることを知っている」

人を許す方法

STEP. 1

感謝できることを考える

昔は仕事のやり方が違って
よくぶつかっていたけど……
Thank you!
いま思えばあの議論が
あったから成長できた！

感情的に許せない人でも、時間が経ったいま感謝できることを考えてみよう。

過去から現在にわたって許せない人をできるだけ多くリストアップして、許せない理由や出来事を書いてみよう。その後、時間が経ったいま、その人に感謝できることをあえて考えてみよう。

TRY!
やってみよう

許せない

STEP.2

思い出を良いイメージに変える

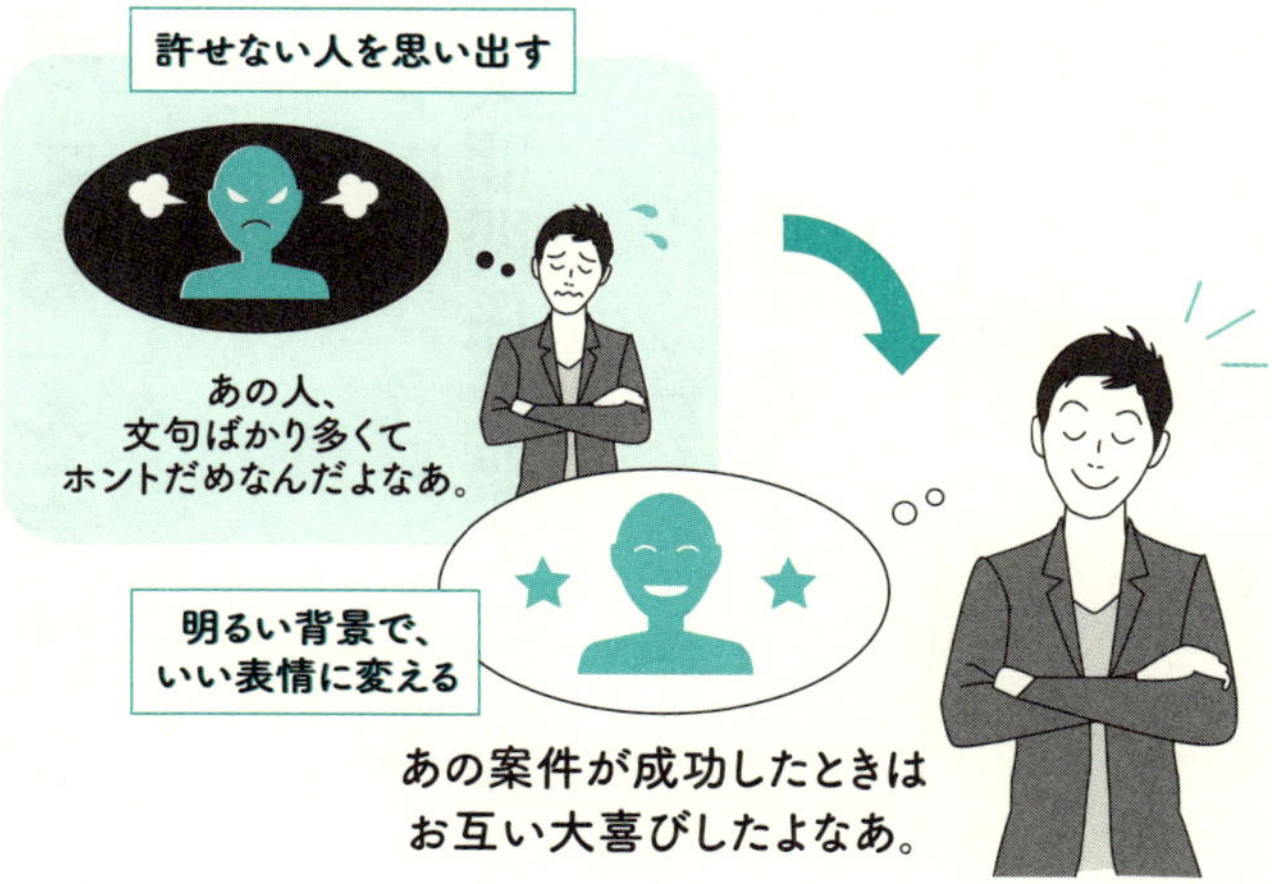

許せない人を思い出し、明るい背景でいい表情に変えてみよう。

誰かを思い出すときに、背景の色や表情が好き嫌いの感情に影響を及ぼす。嫌いな人物を思い出して、背景を好きな明るい色に変え、一番いい表情に変えることで、その人物に対する感情が驚くほど変わる。

Q その人たちを許すことで、あなたにどんなメリットがありますか？

スキル 9

「先に与える」を実践する

POINT

与えることを中心に考えることでより豊かな人間関係を築くことができる。

信頼される人に共通するのは、「先に与えている」ということです。与えるものはお金、信頼、思いやり、親切、話を聞いてあげる、などさまざま。しかも、**見返りを期待することなく、与えることそのものに喜びを感じている**のです。

『ユダヤ人大富豪の教え』（大和書房）の著者、本田健さんは「与えた分だけ受け取れる」、それが世の中の法則だと言っています。これを「ＧＩＶＥ　ＡＮＤ　ＴＡＫＥ」と言うこともありますが、ＴＡＫＥはすぐに返ってくるとは限らないもの。だから、**「与えることを中心に考える」、これができれば人間関係は根本的によくなっていきます。**

社会心理学では、人は何かもらったらお返ししたくなるという法則が知られています。

試食したら商品を買わないと気まずい気持ちになる。人はお返しをしないと気持ちが悪いのです。

ただしこの法則、順番が重要です。**「与えて受け取る人」か、「受け取ってから与える人」なのかで人生は大きく変わります。**

では、人間関係において相手に与えられるものとは何でしょうか？　感謝する、思いやる、存在を大切にする、関心を持つ、褒める、助ける、プレゼントする、理解する、笑顔を向ける、などでしょう。**これらを惜しみなく与えている人は、多くの人から理解され、大切にされ、助けられ、感謝されて豊かな人間関係が築けます。**人間関係の充実は人生の豊かさに大きな影響を与えます。

エピソード

映画『ペイ・フォワード』の主人公が「3人によいことをする」を実行していくなかで次々に奇跡が起き、世界中が変わっていく。

主人公の11歳の少年トレバーは、社会科の授業で「今日から世界を変えてみよう」という課題を出され、「3人の人たちによいことをする」ことができれば、次から次に世界は善意に包まれるだろうと考え、それを実行した結果、世界に善意の連鎖が広がっていった。

を実践する方法

STEP. 1

毎日３人を笑顔にする

飲みの場でまわりの人を褒めるのも、笑顔にする方法の一つ。

電車で席を譲る、仕事を手助けする、居酒屋でまわりの人を褒めるなど、どんな小さなことでもいいので、毎日３人を笑顔にする活動をしよう。

Q 毎日３人を笑顔にするために何をしますか？

TRY!
やってみよう

「先に与える」

STEP.2

モチベーションを高める

定期的に映画を観て「ペイ・フォワード」の精神を忘れないようにしよう。

映画『ペイ・フォワード』を定期的に観て、その感動的なエピソードによって自分のなかのペイ・フォワードの精神を駆り立て、忘れないようにしよう。

Q ペイ・フォワードを観てどんな感想を持ちましたか？

スキル10

最適な境界線をつくる

POINT

きちんと自己主張して境界線を保つことで快適な人間関係をつくることができる。

コーチングの第一人者タレン・ミーダナーの著書『人生改造宣言』（税務経理協会）には、人間関係がうまくいかず、思い通りに人生を生きていないスーザンの例が出てきます。

「スーザンは小売店のセールスアシスタントで、横暴このうえない上司のせいでつらい日々を送っていました。部下たちに怒鳴りちらし、わめき立て、鬱憤を晴らすことを何とも思わないその上司は、ごくささいな間違いでもスーザンに大声を浴びせるのです。スーザンは中西部の方言やなまりのせいで同僚からもからかわれていました」

こういった例は、「境界線が失われている」のだとミーダナーは語っています。

境界線とは、「他人が自分に対してしてはならないものごとを指し、自分を守り、自分

が最高の状態でいられるようにしてくれるライン」のことです。

スーザンはコーチの勧めで「人に怒鳴られるのも、冗談のネタにされるのも、利用されるのも、もう我慢しない」と決意すると、何もかもが変わりはじめました。同僚は彼女をからかうのをやめ、友人は彼女を利用するのをやめ、人間関係が好転しはじめたのです。

境界線は、人間関係において自分が快適に生活するために必要なものです。非常識な時間に電話をされる、待ち合わせで待たされる、納期を守ってもらえない、暴言を吐かれるなどの問題を抱えているなら、それは適切な境界線を保てていない状態です。**相手にきちんと自己主張して、境界線を踏み越えてこないように要求すること**が必要です。

エピソード

人間関係が原因で思い通りの人生を送れていなかったスーザンは、境界線を守ることを決意した途端、人間関係が好転しはじめた。

コーチの勧めでスーザンが「人に怒鳴られるのも、冗談のネタにされるのも、利用されるのも、もう我慢しない」と決意すると、同僚は彼女をからかうのをやめ、友人は彼女を利用するのをやめ、人間関係が好転しはじめたという。

を保つ方法

STEP.1

境界線を引きたい人物を考える

些細なミスでも大声で
怒鳴り散らす上司

わざと聞こえるように
自分の噂話をする先輩

**自分に対してしてはならないことを
している人はいないか、考えてみよう。**

いま人間関係であなたが望む関係を築くために他の人に要求したいことは何か、どうなれば理想的かを書き出してみよう。

Q あなたが人間関係で迷惑していることは何ですか？

TRY! やってみよう

境界線

STEP.2

伝え方を考え、練習する

感謝
日頃の感謝や
今回勉強になったこと
などを伝える
事実
今回起きた事実、
相手の発言を
伝える
感情
それによって
自分がどんな気持ちに
なっているかを
伝える
提案
自分としては次から
こうしてほしい、
という解決策を
伝える
効果
最終的にどのような
メリットがあるかを
伝える

**ICレコーダーに吹き込みながら練習し、
伝える自信を高めよう。**

次に、相手に境界線を守ってもらうように要求する。そのためには、上記の5つの内容で「自分はこうしてほしい」と伝えることが大切。実際に相手にうまく伝えるために、繰り返し練習しよう。

Q 相手に境界線を守ってもらうためにどのように伝えますか？

第2の習慣
相手を変えず、見方を変える

まとめ

スキル 6 人間関係に悩んでいるときは？

▶ **人との違いを多角的にとらえ**
客観視して違いを受け入れる

スキル 7 どうしても嫌いな相手がいるときは？

▶ **自分、第三者、相手の立場で**
順番に考える練習をする

スキル 8 許せない人がいるときは？

▶ **感謝できることを考え**
記憶をよいイメージに変える

スキル 9 豊かな人間関係を築きたいときは？

▶ **毎日3人を笑顔にして**
思いやりの連鎖を起こす

スキル 10 適切な境界線が保てていないときは？

▶ **境界線を守るための要求を考え**
相手に伝える練習をする

難問は分割せよ
——哲学者　デカルト

第3の習慣

徹底的に具体化する

第3の習慣を身につけるためのスキル

スキル 11 イヤな気持ちは紙に書き出す

POINT

負の感情は書き出すことで客観的に眺めることができる。

心理学者ジェームズ・ペネベーカーは、大学の学生に、心の傷となった体験について作文を書かせるという実験をしました（『不安な心の癒し方』〈アスペクト〉より）。

数週間後調査すると、**何も書かなかった学生より作文を書いた学生のほうが心がラクになった**というのです。具体的には次の３つの変化が見られました。

① 感情を書き出すことで、**自分がそれを乗り越えられる**と気づき、その結果、負の感情をそれほど恐れなくなった。

② **自分を悩ませ不快にさせる出来事は数え切れないほどあるわけではない**ということ

に気づき、なんとかなると思った。

③ その体験を、たいしたことではないと客観的に見て、**どうしたら解決できるか考えるようになった。**

「徹底的に具体化する」習慣がない人は、イライラする、なんとなく不安だ、気分がスッキリしないといった感情を頭の中で堂々巡りさせたり、雪だるま式に膨らませるなど悪循環の一途をたどりがちです。

書くことで感情を客観的に眺めることができ、どう変化すればいいかが見えてきます。

エピソード

サッカーの長友佑都選手は、苛立ったことなどを「心のノート」にメモし、振り返って自分を戒める習慣があるという。

技術力もさることながら、心のマネジメント面でも他の選手に比べて優れていることで知られる長友選手は、メンタル面を見直すために「心のノート」をつけている。その日の自分の心の状態がどうだったかを書くことで、普段から自分の感情をコントロールしているという。

を書き出す方法

STEP.1

気持ちを書き出し、あえて反論してみる

自分の素直な気持ちを書き出し、それに対する反論を考えよう。

素直な心のつぶやきをすべて書き出してみて、それらに対してあえて反論してみよう。そうすることで視野が広がる。

Q あなたの今の感情を素直に書き出してください。

TRY! やってみよう

イヤな気持ち

STEP.2

曖昧な感情を因数分解する

原因❶
提出する書類が
大量に溜まっている
原因❷
最近上司が
いつも不機嫌
原因❸
夏場の節電対策で
オフィスが暑い

なんとなく気が重いときは、
その原因を因数分解して具体的に考えよう。

「なんとなく気持ちが沈む」という感情をそのままにせず、原因をできるだけ具体的に書き出してみよう。すると気分はずいぶん楽になり、解決策も自然と浮かんでくるはず。

Q それらの感情を生み出している要素は何ですか？

スキル 12

「お化け屋敷の法則」を乗り越える

POINT

漠然とした不安の大部分は、具体的なシミュレーションによって克服できる。

突然ですが、なぜ、お化け屋敷は怖いのでしょう?

それは、何が起きるか分からない、何が出てくるか分からないからです。それが証拠に同じお化け屋敷に2回目に入ると、70%以上の人の恐怖は消えてしまいます。

私はこれを「お化け屋敷の法則」と呼んでいます。**分からないもの、知らないもの、予測不能なものに人は恐怖を感じる**のです。

初めての営業訪問、初めての電話応対など、「初めての～」は誰しも不安と恐怖を持つもの。しかし終わってみれば、「あんなに心配することなかったな」と思うことがほとんどです。**漠然とした不安と恐怖は、実体を超えてモンスター化し私たちを苦しめるのです。**

私は小さいながら会社を経営していますが、震災と原発の影響で80％の仕事がキャンセルになりました。「この先どうなっていくのか」を想像すればするほど、巨大な不安と恐怖に襲われていました。

そこで私は具体的に数字でシミュレーションすることにしました。エクセルを開いて「仮に売上が30％減ったとすると？」「その場合どう対策をするか」「緊急対策として何をやるのか？」とさまざまなケースを想定して数字を打ち込み、対策を考えました。

こうして具体的にシミュレーションすると、不安のかなりの部分が消えていきました。

正確に言うと、漠然とした不安が実体に基づいた対処可能な不安に変わったと言ったほうが正しいかもしれません。

エピソード

総合格闘技の「最強戦士」ヒクソン・グレイシーでも、戦う恐怖を克服するためにまず相手を理解しようとするという。

グレイシーは著書で、「人が怖がるのはたいてい、『知らないもの』。恐怖は相手の正体が分かれば消える。だから、恐怖を克服するために最も重要な方法とは自分の恐怖がどこから生まれたのかを、しっかり理解することだ」と語っている。

則を乗り越える方法

STEP. 1

徹底的にシミュレーションする

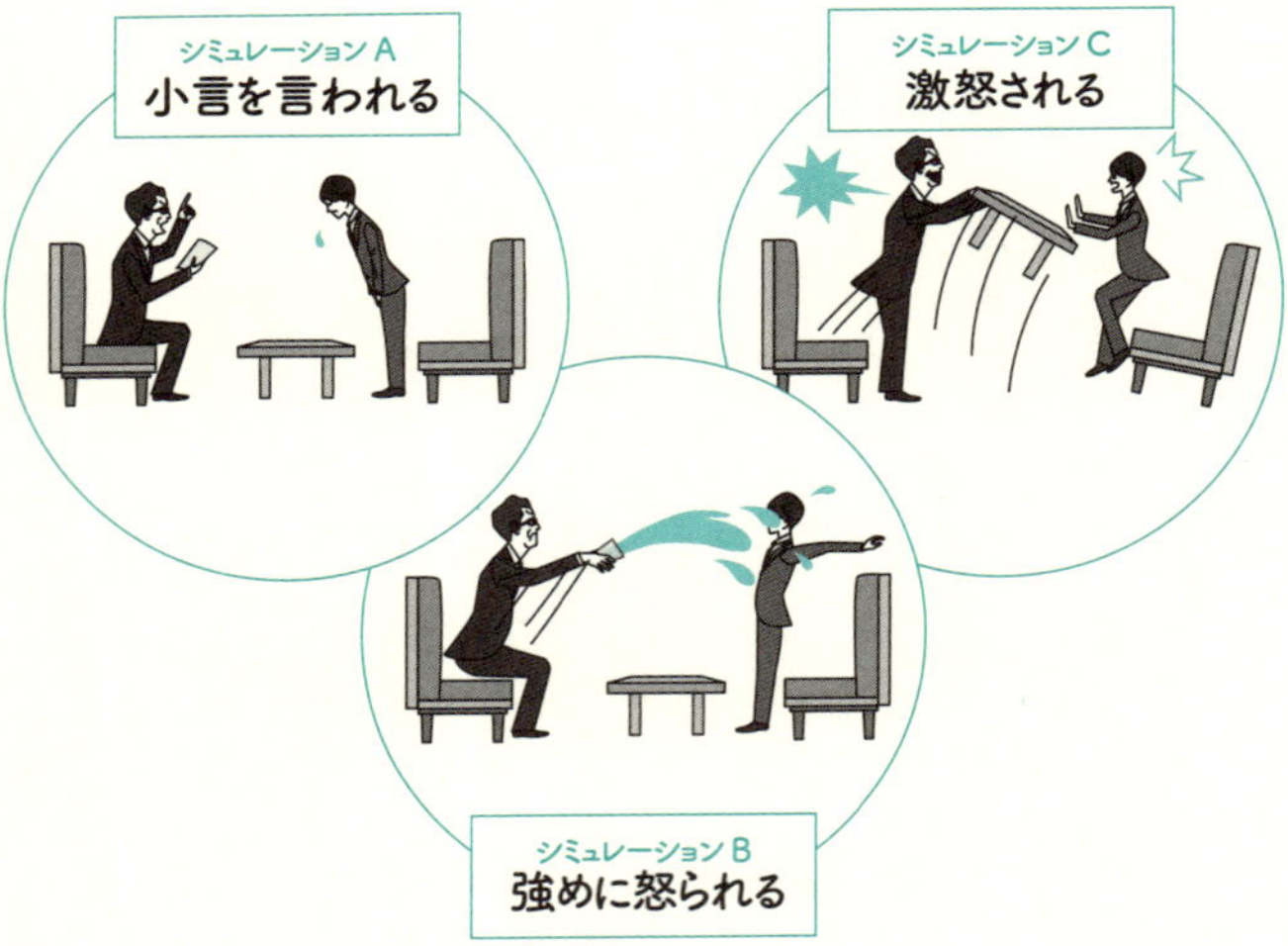
シミュレーション A
小言を言われる
シミュレーション C
激怒される
シミュレーション B
強めに怒られる

**初めての商談で強い不安を感じているなら、
事前に予測して対策を考えよう。**

未来は予測できないが、仮説でもいいので具体的に3パターンほど予測してみよう。すると漠然とした恐怖は小さくなり、何ができて何ができないかの実態が明確になる。

Q あなたの恐怖や不安の正体は何ですか？

TRY! やってみよう

お化け屋敷の法

STEP.2

情報を事前に集める

初対面の人が怖いなら、
事前に相手について周囲に聞き、
情報収集しよう。

初対面の人に会うのが怖いなら、事前に相手がどんな人なのか周囲に聞いて情報収集しておくのがおすすめ。初めての仕事に不安を感じているなら、経験者に話を聞くのも効果的。

Q どうすればもっと予測可能なもの、既知のものにできますか？

スキル13

事実と根拠を押さえる

POINT

不安や心配の事実・根拠を押さえることで解決に向けた行動に目を向けることができる。

私たちが不安に駆られるとき、人間関係にしても自己評価にしても、**事実がほとんどないままに思い込みをつくっているケースが多い**ものです。

それは、都市伝説や予言のような、事実や根拠を伴わないメッセージが一人歩きする現象と同じものと考えられます。その背景には、**大きな不安や恐怖心**があります。

たとえば、「コーラを飲むと骨が溶ける」という話も、一時日本だけで信じられていましたが、その背景には「健康が損なわれる」という恐怖や不安がありました。占い師に言われた一言をどんどん拡大解釈して不安を膨らませていくようなケースも同じです。

脳は簡単に思い込みをつくったり、短絡的な解釈をしたりする性質があるのです。

しかし、このような**根拠のない悲観的な予測をしている限り、マイナス思考から抜け出すことは困難です。**よって、意識的に事実と解釈を区別する思考の習慣が効果的です。

不安や心配が悪いわけではありません。よい不安や心配は、その人に危険を察知させ、リスクに対する準備を促してくれます。一方、悪い不安や心配は、ただやみくもに感情だけが先立ち、行動や解決につながらず心を痛めるだけのものです。

漠然とした不安や心配があるなら、根拠を押さえることがマイナス思考から抜け出す有効な方法です。たとえば、「会社が倒産するかもしれない」と思ったら、財務データを見てみれば経営状態が分かります。

よい不安や心配に変えるためには、事実・根拠を押さえることが重要なのです。

エピソード

フランスの医師・占星術師のノストラダムスの「地球滅亡説」は、日本だけで信じられ、地元フランスでは誰も知らなかった。

「1999年7月に地球は滅亡する」という「ノストラダムスの大予言」は、73年に刊行された本がきっかけで日本で大流行した。しかし、400年以上前に出た原書はフィクションも含まれる内容であり、地元フランスで街頭インタビューをすると誰も知らなかった。

を押さえる方法

STEP. 1

「解釈」と「事実」を区別して考える

事実がほとんどないまま思い込んでいないか、意識的に考えるようにしよう。

上司の不機嫌の原因が自分にはない場合もある。「上司に嫌われている」などと短絡的に解釈することは避け、どこまでが事実でどこからが解釈なのか、区別して考える習慣をつけよう。

Q あなたが嫌われていると思った事実や出来事は何ですか？

TRY! やってみよう

事実と根拠

STEP.2

根拠を押さえる

根拠を押さえる

きちんとした検査を
受けて病因を知れば
前向きに治療を受ける
ことができる。

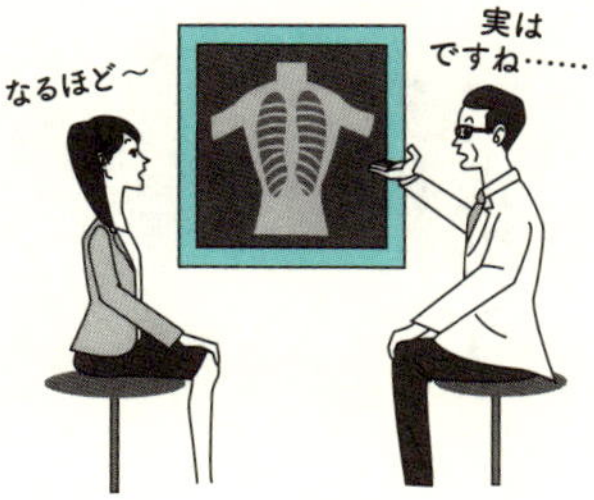

漠然とした不安

体調がよくならないから
といって原因も分からず
寝込んでいては
不安が増すばかり。

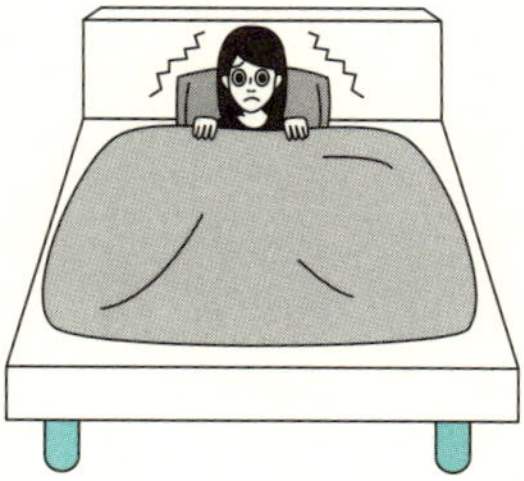

漠然とした不安や心配があるなら、その根拠を押さえることで前向きになれる。

「私は病気かもしれない」と思ったら、病院で検査を受けて根拠を押さえれば、不安や心配をむやみに膨らませることはなくなり、前向きな考え方ができるようになる。

Q あなたが心配していることの根拠は何ですか？

スキル 14

何でも数値化する

POINT

感覚的で実体のない不安は数値化することで具体的に扱うことができる。

人は不安になると、視野が狭くなり、そのことだけしか見えなくなります。起きてほしくないこと、恐怖を強く感じることであればあるほどその傾向は強くなります。

そんなときは**感覚的なものを数値化することで具体的に扱うことができます。**

たとえば、飛行機で事故に遭う確率は、0・0009％（米運輸安全委員会の調査）だそうです。つまり、100万回に9回しか事故は起きないということ。日常感覚で置き換えると、304年間、毎日飛行機に乗り続けると1度事故に遭うという確率です。

また、会社が倒産して無職になったらどうしようという不安を持っているケースで考えてみましょう。これは会社の倒産率×再就職率で計算してみると具体的になります。

平均的な会社（帝国ＤＢＧ５企業２０１１年度）の1年での倒産率は０・58％です。退職まで20年あるとすると、今後の人生で自社が倒産する確率は11・６％になります。再就職率は男女総合平均でだいたい50％なので、掛け算すると６％です。

この数字をどう見るかにもよりますが、確率が分かると不安の質が変わるのは確かです。

なんとなくできていない、うまくいっていないと感じる曖昧さは、ストレスの原因です。

そこで、「今、達成度は何％か？」「何合目なのか？」と自分に問いかけます。仮に３合目と考えるなら、進んでいることを実感でき、残り7に向けてやることが見えてきます。

具体的にするために数値化をしてみましょう。

エピソード

「海に潜ってサメに襲われたらどうしよう」という不安は、「海で人喰いザメに出会う確率」の低さを知って払拭された。

子どもの頃に映画『ジョーズ』を観て恐怖を感じた筆者は、海を恐れつつもどうしてもスキューバダイビングをしたいと、恥を忍んでダイビングスクールのインストラクターに不安を打ち明けたところ、それが１０００に１つの確率もないということを知り、不安が消えた。

体的に考える方法

STEP.1

不安要因を数値化する

ひとまず資料を
作ったことで
不安が減る
不安度60%
リハーサルを
繰り返したことで
不安は最小限に
不安度10%
大事なプレゼンを
任されて
不安で仕方がない
不安度90%

感情の度合いを数値化することで、何をすれば不安がどのくらい解消するかが分かる。

不安や恐怖などすべての感情には度合いがあるが、言葉で表現しているだけでは比較も変化の測定もできない。

Q あなたの不安や心配が現実のものになる確率は何%ですか？

TRY! やってみよう 数値化して具

STEP.2

達成度、進捗度合いを数値化する

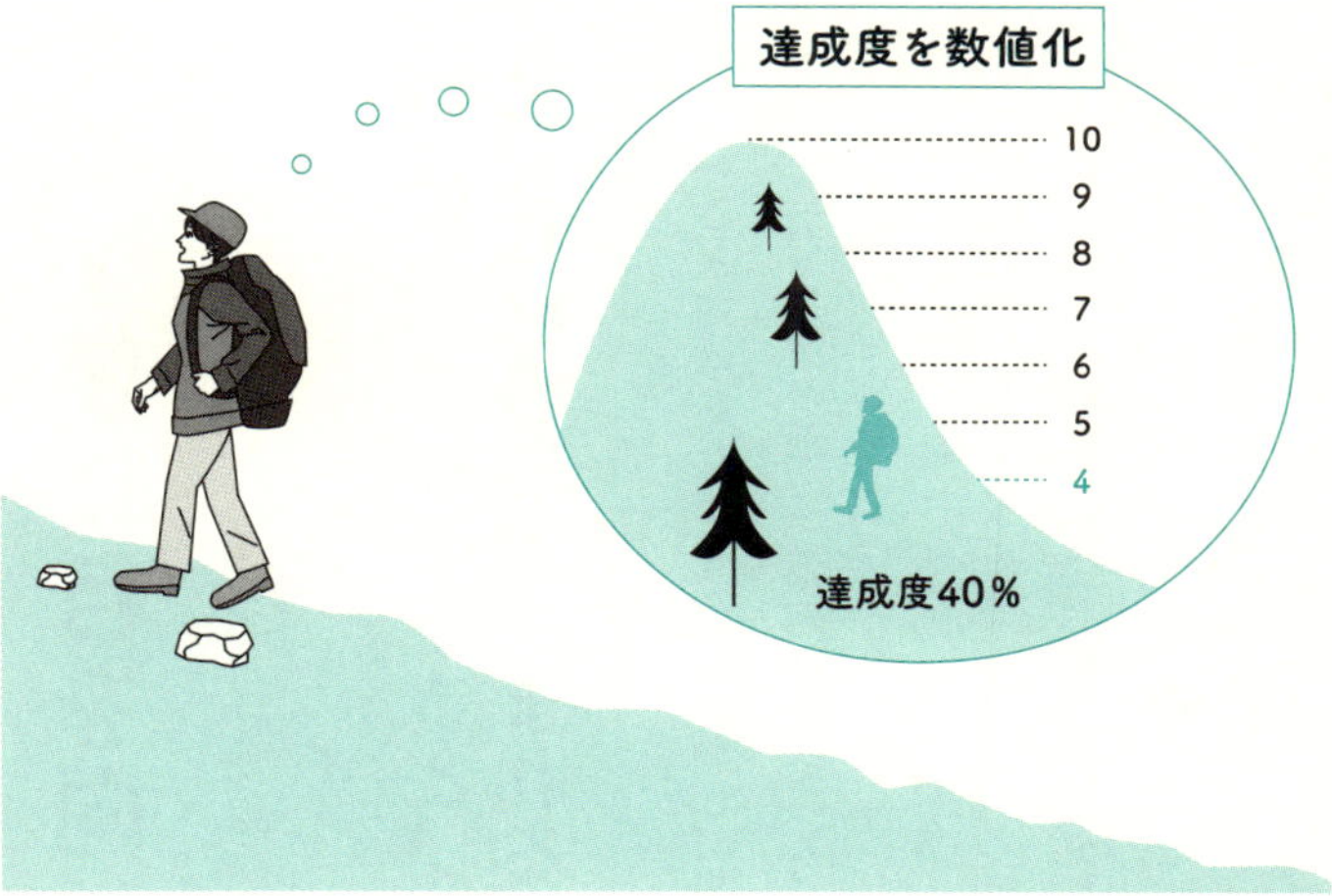

**どこまで進んでいるかを数値化して
確認することで、
今後取るべき行動が分かる。**

「今、達成度は何％か？」と自分に問いかけることで、進んでいることを実感でき、残りに向けてやることが見えてくる。

Q 今の仕事の状況は完成から考えて何合目まで進んでいますか？

スキル15 問題より解決策に目を向ける

POINT
解決策を見つけて行動を始めるとポジティブになり好循環が生まれる。

問題を分析することは悪いことではありません。しかし、問題を考えることは過去を分析すること、主に、「何がダメだったのか」「誰の責任だったのか」「何が足りないのか」を頭の中で繰り返すことになります。

ずっと問題に焦点を当てていると、不安や心配が堂々巡りすることがあります。解決策や行動プランが不明確なまま、出口が見えない不安や心配があなたを苦しめているのです。

そんなときは、**失敗や悩みをずっとウジウジ考えるのではなく、どうすればいいかと一気に解決策に目を向けること**が必要です。

その場合、**実行できる、実現できる解決策であることが大前提**になります。その前提で考えると、解決のアイデアはたくさん出てくるものです。

仮にあなたが病気にかかったとして、その病気の治療方法がないとするとどうでしょう。あなたは出口の見えない不安と恐怖の中で苦しむのではないでしょうか？

一方、重大な病気であったとしても、治療方法があれば、あとは治療に向けて努力しようとするでしょう。完治するかどうか分からないにしても、何か行動できることがあるかないかは大きな違いです。

解決策を見つけて行動を始めると、人間は不思議なものでポジティブになれます。行動することで新しい解決策のヒントが見つかり、さらに行動意欲が高まります。

常にどうしようかと解決策を考える習慣をつけてください。

エピソード

さまざまな挑戦をしている起業家・澤田秀雄さんの合言葉は、「できるかどうかではなく、するためにはどうすればいいかを考えよ」

日本で格安航空券を販売する会社の先駆けとなったＨＩＳ、航空運賃の価格破壊を狙った日本で４番目の航空会社スカイマークをつくり、18年連続赤字の長崎県のハウステンボスの再建を行って来場者数を劇的に増やした澤田さんの合言葉は、チャレンジ精神に満ち溢れている。

に目を向ける方法

STEP. 1

具体的に問題を書き出す

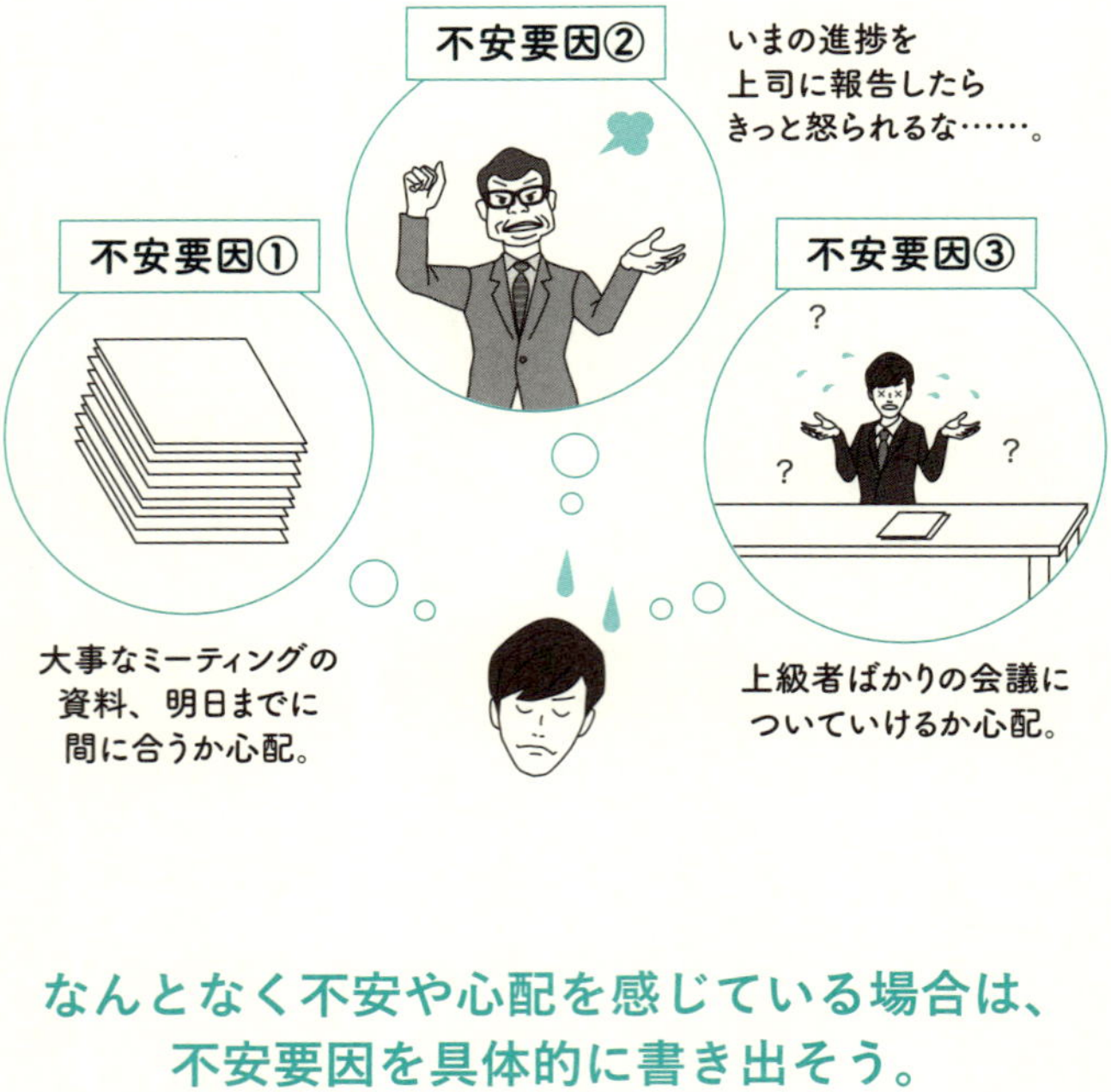

**なんとなく不安や心配を感じている場合は、
不安要因を具体的に書き出そう。**

漠然と不安や心配が渦巻いている場合は、紙に書き出すこと。感情の因数分解をすることで、その後の対策を考えられるようになる。

TRY! やってみよう

問題より解決策

STEP. 2

解決策を考え、行動プランを立てる

どうすれば不安要因を解決できるかを考え、行動する計画を立てよう。

次に、解決策を考え、それぞれに優先順位を付けて、いつ何にどれくらいの時間をかけるのかを具体的に考えてみよう。行動プランを作れば曖昧さが消えるため、不安や心配は小さくなっていくもの。

Q 具体的にどのようなスケジュールで行動していきますか？

第3の習慣
徹底的に具体化する

まとめ

スキル 11 負の感情にとらわれがちなときは？

気持ちを素直に書き出し 曖昧な感情の原因を明確にする

スキル 12 初めてのことに不安や恐怖を感じるときは？

徹底的に具体的に予測して リハーサルを繰り返す

スキル 13 根拠のない悲観的な予測をしてしまうときは？

事実と解釈を区別して 根拠を押さえる

スキル 14 漠然とした不安にとらわれているときは？

不安度合いや進捗度合いを 数値化して考える

スキル 15 出口の見えない不安に苦しんでいるときは？

具体的な不安要素を明確にして 解決に向けての行動プランを考える

人生は近くで見ると悲劇だが、
遠くから見れば喜劇である
――コメディアン　チャールズ・チャップリン

第4の習慣
さまざまな視点から眺める

第4の習慣を身につけるためのスキル

16 遠くから自分を見る
17 尊敬する人になりきる
18 もっと大変な人と比較してみる
19 長い時間軸から俯瞰する
20 悲観・楽観・現実で予測する

スキル 16

遠くから自分を見る

POINT

自分を客観視することでプレッシャーは軽減できる。

人は、強烈な感情に襲われると、極端に視野が狭くなり、不安や恐怖に飲み込まれます。その一瞬の出来事にとらわれすぎると、人生という長い時間の中にある無数の点を客観的に見ることができなくなります。

しかし、自分を外から見ることができれば、不安やプレッシャーは圧倒的に軽減します。

不安やプレッシャーは、今この瞬間の自分に存在しているのです。

自分を客観的な視点から眺める技術は、超一流と言われる人に共通して使われる技法です。あのイチロー選手が大リーグでも長年結果を出し続けている1つの要因は、感情のコントロール技術が卓越しているからなのは言うまでもないでしょう。そのイチロー選手は絶不調だったとき、優勝を決する決定的な場面に差し掛かり、やはり巨大なプレッシャーとネガティブな思考に襲われたそうです。

そのときイチロー選手は、「一人実況中継」をしていたといいます。**一人実況中継とはすなわち、「客観的になることで冷静な自分をつくる」ことです。**

たとえば、柔術400戦無敗のヒクソン・グレイシーも「戦っているときには3人の自分がいる。リング上の自分、リングサイドの自分、そして天井から見ている自分だ」と語っています。

プラス思考に転換しやすい人は、**自分から離れて客観的に冷静に見る視点**をつくれる習慣を持っているのです。

エピソード

イチロー選手はWBC優勝をかけた正念場で「一人実況中継」をして冷静さを保った。

大リーグで長年結果を出し続けているイチロー選手でも、優勝を決する決定的な打席では巨大なプレッシャーに襲われたが、「一人実況中継」することで冷静な自分を保って成功を収めた。

分を見る方法

STEP. 1

「一人実況中継」をしてみる

大変な状況にある時は、本当に第三者の立場に立って自分を解説してみよう。

そのときの主語は「私」ではなく、自分の名前にすること。そうすることで客観的な視点を持ちやすくなる。

Q あなたの置かれている状況を実況中継すると、どんなセリフになりますか？

TRY! やってみよう

遠くから自

STEP.2

友人が同じ目に遭っていたらと考える

?
自分と同じ状況に陥って
パニックになっている
友人にどんなアドバイス
をするだろう?

**仮に友人が同じ状況にいるとしたら
どんなアドバイスをするか考えてみよう。**

自分の状況や置かれている環境、出来事を他人に移すことで客観的に眺めることができる。

Q あなたの友人が同じ状況に置かれていたら、どのようなアドバイスをしますか?

スキル
17

尊敬する人になりきる

POINT

憧れの人になりきって考えることで打開策を見つけることができる。

どんなストレスの状況にあっても、打開策を考え抜く力はその人の中にあります。発想を変えれば打開策は見つかるものです。

その視点の変え方の一つが、憧れの人になりきって考えることです。心理学では「モデリング」といいますが、**価値観レベルまでその人になりきるとその人の考え方で発想できます。**

いつもの発想や考え方のパターンで考えていると、知らない、分からないと思考が停止します。よって、**自分への問いかけの質を変える必要がある**のです。

たとえば、さまざまな経営改革をして見事業績をV字回復させたことで知られるパナソニックの中村邦夫社長は、松下イズムを踏襲して経営改革をしてきたと言います。終身雇用の廃止や社名変更をしたときなどは、多くの反発やご自身の中でも心理的な葛藤があったはず。そんなとき、中村社長はこのように考えていたそうです。「松下幸之助翁ならどう考えるだろうか？」

創業者になりきって発想することで、松下イズムを継承しながらも大胆な改革を行えたのです。

極度なストレス状況では視野が狭くなるといいましたが、そんな中ではいい発想は出てきません。**苦境に陥ったときは、尊敬する人になりきって大きな視点や違った角度から物事を見るだけで気持ちが軽くなり、どうすればいいかの解決策が見えてきます。**

エピソード

パナソニックの中村邦夫氏は、松下幸之助氏になりきって危機下の改革を実行した。

松下電器産業をパナソニックに社名変更し、松下電工を完全子会社化、世襲制度を廃止し、大胆なリストラに着手するなどして見事業績をV字回復させた中村氏だが、「松下幸之助翁ならどう考えるだろうか？」と考え、松下イズムを踏襲して経営改革をしてきたという。

になりきる方法

STEP.1

尊敬する人リストをつくる

尊敬する人を思い浮かべ、その人が自分と同じ状況に置かれたらどうするか考えよう。

状況によって、誰になりきると効果的かは変わってくる。有名人から身近な人まで、10人以上尊敬できる人をリストアップしてみよう。そして自分の状況を題材に、その人ならどうするか考えてなりきってみよう。

Q あなたの尊敬する人10人は誰ですか?

TRY!
やってみよう

尊敬する人

STEP.2

賢人会議を開催する

想像上で尊敬する人を集めた会議を開き、議論をさせて議事録をとろう。

尊敬する人物を何人か集めて、想像上の会議「賢人会議」を開いてみよう。その際、参加者たちの発言は議事録としてメモに残しておくこと。15分もやっていると、いいアイデアや気づきが生まれてくる。

 Q あなたの尊敬する人なら今の状況にどう対応しますか?

スキル18

もっと大変な人と比較してみる

POINT

自分より大変な人と比較することで逆境を乗り越える勇気を得ることができる。

偉人のエピソードは人に勇気を与えて、状況に対する見方を変えさせてくれます。よく、本やテレビで壮絶な体験や逆境を乗り越えた人を見ると勇気が湧いてくるということがあります。あれは「比較」によって起きるわけです。

自分の視点で今の状況しか見ていなければ巨大な逆境にしか見えなくても、より大変な人と比べてみれば小さなことだと思えるのです。

人は物事を単体では判断できず、何かと比較して理解します。分かりやすい例を挙げると、平和を知るには戦争を想像する、本当の愛を知るには裏切りを、生きることには死を、健康は病気を見せられて真の理解に達します。

人の脳は常に何かと比較して解釈しているのです。よって、**今回の状況を過去の経験と比較して大変だと思うのであれば、比較基準を変えること**です。

そのためにもっとも有効なのが、読書です。私には、「自分を励ます本」が30冊はあります。マイナスの思考にとらわれたときにこれらの本を読むと、気持ちが軽くなるとともに、勇気も湧いてきます。**良書は視点を変える有効なツール**です。また、テレビや映画などもいい刺激になります。

上司や先輩の逆境を乗り越えた体験談をたくさん聞くのもよいでしょう。歴史上の偉人と違って、より具体的に本人から聞けますし、仕事や環境が同じなら自分自身と比較しやすいからです。

エピソード

「奇跡のりんご」を作った青森のりんご農家、木村秋則さんは、無農薬栽培が成功するまでは自殺を考えるほど苦労した。

木村さんの無農薬りんごは一流レストランで出され、毎年即完売する人気ぶり。しかし、りんごの無農薬栽培は不可能というのが業界の常識。何年間も失敗続きで貧乏のどん底に陥り、絶望して自殺しようとした先で偶然大きなヒントに出会い、8年目にしてようやく成功した。

気を得る方法

STEP.1

自分を励ます本や映画のリストをつくる

**映画や本から偉人のエピソードを知り、
自分を励ますツールとして活用しよう。**

マイナス思考にとらわれたときは、『奇跡のリンゴ』や映画『ロッキー』のように、自分を励ます本を読み、映画を観ること。気持ちが軽くなるとともに、勇気も湧いてくる。

Q あなたを励ますエピソードはいくつありますか？

TRY! やってみよう

比較して勇

STEP.2

身近な人の体験談を聞く

いまはバリバリ
活躍している先輩も、
逆境に遭いながら
それを乗り越えてきた。

身近な人の逆境を乗り越えた体験談は、より具体的で自分と比較して考えやすい。

上司や先輩の逆境を乗り越えた体験談をたくさん聞くのもよい。歴史上の偉人とは違い、より具体的に本人から聞くことができ、仕事や環境が同じなら比較もしやすい。

スキル 19

長い時間軸から俯瞰する

POINT

苦境に遭っても、長い時間軸で考えることで冷静かつ客観的に状況を俯瞰できる。

時間を俯瞰することでも、冷静さ、客観性を保つことができます。

先述のイチロー選手が客観的に今の自分を外から見ていたのに対して、将棋の羽生善治氏は、**俯瞰して長い時間軸の中で今をとらえている**といいます。

羽生さんは1996年に史上初の7冠を取り、通算タイトル獲得は伝説の大山康晴名人を抜き歴代1位。何よりもすごいのは22年間タイトルを保持し続けていることです。まさに、生きる伝説の棋士です。

羽生さんは、勝つこともあれば負けることもある、落ち着くところに落ち着くという言葉を使って、長い将棋人生という観点から一つの負けを見ているそうです。

『道は開ける』（創元社）の著者デール・カーネギーは、時間を俯瞰することの比喩として**「心のカメラのレンズ」の焦点距離を変える**ると表現しています。

焦点距離を今この瞬間から1年、3年、10年、30年と広角レンズで眺めることができれば羽生さんのような思考が持てるのです。

ちなみに日本一の高額納税者だった斎藤一人さんはよく講演で「ちょうど1年前の悩みを今思い出せる人は手を挙げてください」と問いかけるそうです。すると手が挙がるのはほんのわずかにすぎないのです。

今抱えている悩みを、1年後に振り返ってみると、たいていのことは一瞬の出来事に過ぎない、たいしたことはないことが多いのです。

エピソード

羽生善治棋士は、一つの負けを「長い将棋人生」という観点から見ることで平常心を保っている。

常にタイトルを保持している「生きる伝説の棋士」である羽生さんでも、負けが重なりスランプに陥ることがある。しかし、「勝っても負けても、結局落ち着くべきところへ落ち着く」と考え、俯瞰して長い時間軸の中で今をとらえているという。

ら俯瞰する方法

で考え、現在の自分を捉え直す。

10年後の視点で考えてみることで、光を見出すことができる。

TRY! やってみよう 長い時間軸か

10分後、10ヶ月後、10年後の視点

まだ絶望の
どん底にいる。

10分後

10年後

懐かしんで
振り返っている。

恋人に振られたりしてどん底の気持ちの中でも、10分後、10ヶ月後、

Q もし、隣に10年後のあなたがいたら、今のあなたに何と声をかけるでしょうか？

スキル 20

悲観・楽観・現実で予測する

POINT

大きな決断をするときは「思考の三段横跳び」で冷静な現実のラインを予測できる

リスクのある挑戦に対して、希望を見るか、不安を見るかは行動に大きく影響します。ただし、希望を見すぎても、不安を見すぎても判断を大きく誤ることになります。よって、**冷静に現実ラインを予測することが重要です。**

迷いや葛藤のあるときに決断を導くためには、「最悪の状況」「最高の状況」「現実に起こりうる状況」を考える、**「思考の三段横跳び」**を行うとよいでしょう。

まず、**「最悪の状況」**を予測します。最悪の状況を無意識に想像するのは安全・安心を守りたいからです。それに備えなければ危険だと脳が指令を出しているわけですから、まずは悲観論を言葉にしてみることです。**恐怖の底が確定すれば状況と向き合うこともでき**

ます。

次に、考えられる**「最高の状況」**を予測します。つまり、状況を楽観的に見るならどんな状況になるかを考えます。このときに大切なのは楽観的すぎるのもよくないのですが、控えめに言う必要もないということです。思考を振り切って、楽観主義者ならどう考えるかぐらいで発想してください。

思考を悲観と楽観の両極に振った後は、**「現実的に起きそうな状況」**を考えます。現実主義者の立場、ないし1年後の自分が過去を振り返っているような視点で考えてみるのもいいでしょう。

3つの視点で冷静に考え、現実的な未来を予想し、しかるべき決断をしたいものです。

エピソード

起業に悩んでいたクライアントは「最悪・最高・現実」を考えた結果、低リスクの道を選ぶことができた。

周囲の反対を受けて不安が募り、起業に踏み切るかどうか悩んでいたクライアントに対し、最悪の状況と最高の状況、現実的に起きそうなことを想定してもらうと、最終的に現実的な低リスクの事業を選んだ。

ラインで考える方法

STEP.1

最悪
の状況を予測する

貯金が底をつき、家族を困らせる

最悪の状況を予測することで、恐怖の底が確定し状況と向き合うことができる。

STEP.2

最高
の状況を予測する

多数のクライアントを抱えて年収が5倍に

思考を振りきって、楽観主義者ならどう考えるか、考えうる最高の状況を予測してみよう。

STEP.3

現実
の状況を予測する

低い売り上げながら辛抱強く継続

最後は現実的に起きそうな状況を考えてみよう。そして「思考の三段横跳び」で、現実的な未来を予測しよう。

Q 最悪／最高の状況が起きるとすると、それはどんな状況ですか？

TRY!
やってみよう

悲観・楽観・現実

Q 現実的に予測するとそれはどんな状況ですか？

第4の習慣
さまざまな視点から眺める

まとめ

スキル16 強烈な不安やプレッシャーに襲われたときは？

一人実況中継をして客観的な視点で現状を見る

スキル17 ストレス状況で視野が狭くなっているときは？

想像上で尊敬する人たちになりきって会議を開く

スキル18 巨大な逆境にあると感じているときは？

偉人や身近な人の大変なエピソードを知り、今の自分と比較して勇気を得る

スキル19 つらい出来事に遭って絶望のどん底にあるときは？

10分後、10ヶ月後、10年後の視点で考え、時間を俯瞰する

スキル20 リスクのある挑戦を前に踏み切れずにいるときは？

最悪の状況、最高の状況、現実の状況を順に予測し、現実的な未来を予測する

第5の習慣

できることに集中する

過去と他人は変えられないが
未来と自分は変えられる
——精神科医　エリック・バーン

第5の習慣を身につけるためのスキル

スキル21

結果ではなくプロセスに集中する

POINT

「いまできること」に集中することでマイナス思考から抜け出すことができる。

マイナス思考からすぐ抜け出せる人は、**プロセスに集中する思考習慣**を持っています。

天皇陛下の心臓バイパス手術をした順天堂大学の心臓外科医・天野篤先生は手術後、「普段の手術を普段通りにしたということで、結果もおのずとその通りになる」と語っていました。成功率98％と言われる天才外科医の天野先生ですが、天皇陛下の心臓手術を担当することを想像すると、そのプレッシャーたるや想像を絶するものだったでしょう。

天野先生の発言から分かるのは、**普段通りの正確な手術プロセスを踏むことに徹底的に集中された**のだということです。

また、売れない営業マンほど売上が上がらない結果ばかり見て、経済情勢や会社の方針に愚痴や不満を言っています。一方、優秀な営業マンは結果ではなく、結果を出すための自分の行動プロセス（訪問件数、提案の質・件数）に意識を一点集中させます。結果が出ないときほど淡々と行動に集中するのです。

結果を見ると苦しくなるときは、自分に今できること（プロセス）に集中することです。

マラソン選手の高橋尚子さんが言うように、「何も咲かない寒い日は、下へ下へと根を伸ばせ。やがて大きな花が咲く」です。

「結果ではなくプロセスに集中する」というと、結果を無視していいのかという反論が返ってきそうですが、そうではありません。**結果を出すことを前提にするのですが、行動を始めたらプロセスの一歩一歩に集中する**という意味です。

エピソード

体操の内村航平選手は、オリンピックの団体戦で失敗を重ねたが、「やるべきことをやるだけ」と気持ちを切り替え、個人で優勝した。

ここぞという場面で気持ちを切り替え、個人総合で28年ぶりの金メダルという結果を出した内村選手は、メンタルマネジメントにも卓越した才能を持っている。「やるべきことをやるだけ。あとは開き直るしかないですね」という考えは「結果よりプロセスに集中する」思考と言える。

集中する方法

STEP.1

理想の結果を設定する

理想の結果
売上
営業成績が1年後に5倍に
なっていら最高だな……

「営業で多額の受注を手にする」など、
理想の状態を結果に設定しよう。

問題が解決した状態だけではなく、理想の結果まで設定してみよう。
結果を理想の状態に設定すれば、プロセスの質は高くなる。

Q あなたが望む理想的な結果は何ですか？

TRY!
やってみよう

プロセスに

STEP. 2

プロセスを具体的に考える

そのためのプロセス
×10
×5
そのためには新規営業を10倍、
企画提案を5倍にしないと！

理想の結果を手にするために必要なこと、するべきことは何か、考えてみよう。

理想の結果を手にするのに必要なことは何か、自分ができることは何かを考えてみよう。なるべく数字で目標を決めることが効果的。

 Q そのためにあなたができることは何ですか？

スキル 22

「できる」「できない」を分ける

POINT

コントロールできることを見分けることでストレスなく自分のできることに集中できる。

一般的に、**コントロールできることは自分と原因、コントロールできないことは他人と結果**です。

愚痴・不満は、変えることのできないことに思考が向かっているときに生まれます。仕事であれ、プライベートであれ、何でも自分の思い通りにコントロールできるわけではなく、できることと、できないことが混然一体としているわけです。

その内容を精密に区別する思考の習慣があれば、自分の思考の焦点を自由に変えることができるのです。

たとえば、失恋をしたけれども復縁をしたいとします。一度振られているので絶望に浸っていて、無理だとあきらめています。ここで、「できないこと」は何でしょうか？
「相手の気持ちを変える」「復縁できるかどうか」ということは、自分ではどうしようもありません。しかし「できること」は、「自分の想いをあらためて伝える」「電話や手紙で素直な気持ちを伝える」ことです。

できることが分かったら行動に移すことです。 行動すれば次なる展開がやってきます。考えてばかりで動かなければ、よくも悪くも何も状況は進みません。

そして、あなたができることに集中すれば、結果や相手の気持ちという直接変えることのできない領域にもよい働きかけができます。

とにかく、できることをひたすらやっていきましょう。

エピソード

筆者は、新卒で入社して早々出向になり失意のどん底だったが、コントロールできることに集中して努力した結果、快挙を成し遂げた。

業績不振を理由に店頭販売員として出向を命じられた筆者は、自分では変えることのできないことにばかり目がいき、ストレスを抱え込んでいた。しかしコントロールできることとできないことを仕分け、懸命に努力した結果、売上達成率２カ月連続ＮＯ１という快挙を成し遂げた。

ないを分ける方法

STEP. 1

できること、できないことを書き分ける

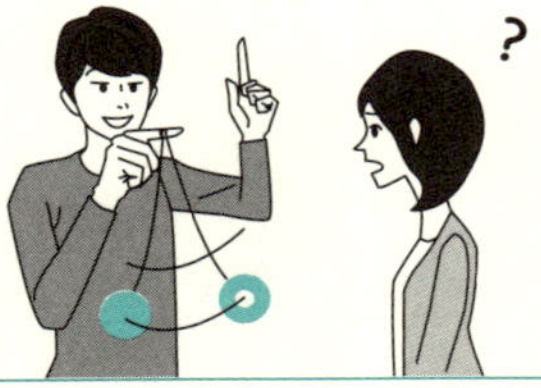

できないこと

無理やり気持ちを
変えようとしてもだめ。

できること

想いを込めた手紙を書いて
送ることはできる！

**たとえば復縁したいときは、
相手の気持ちは変えられなくとも
手紙で気持ちを伝えることはできる。**

失恋をしたけれども復縁したいと思っているのであれば、あきらめてただ絶望に浸っているのではなく、自分の想いをあらためて伝えるなど、できることを考えてみよう。

TRY!
やってみよう

できる、でき

STEP.2

できることをやる

できること①
手紙に書いて
気持ちを伝える
できること②
電話で直接
気持ちを話す

できることが分かったら行動に移すこと。
行動すれば次なる展開がやってくる。

考えてばかりで動かなければよくも悪くも何も状況は進まない。手紙や電話で気持ちを伝えられるなら、誠実に想いを伝え、結果を相手に委ねよう。

 Q 「できること」を、いつどのような順番で行いますか？

スキル 23

リカバリープランをつくる

POINT

予測不可能なことにはリカバリープランを立てることで冷静に対応することができる。

人生には、病気や会社の倒産のような大きな災難が起きます。

予測不能でコントロールできないことに対しては無視するのではなく、**いざそれが起きたときにどうするかのリカバリープランを考えておくこと**です。そうすれば、その場であわてず冷静に対応することができます。

たとえば、あなたが会社の経営者だとしましょう。

取引先2社で売上の80%を支えているなら、もし1社との取引が停止すると非常に危険な状態になります。相手の会社はいつ何時、経営悪化に陥って倒産するかもしれません。担当者との関係悪化から取引停止を言い渡されるリスクもあります。

「もしも1社の取引が停止して40％の売上がなくなったときにどうするか」を考えておくこと、それがリカバリープランです。

たとえば他の取引先を探しておく、資金を調達する先を見つけておく、雇用形態を見直すなど、たくさんのアイデアを考えて備えておくことが優秀な経営者のやることです。

あなたの人生にもリカバリープランを用意する必要があるのではないでしょうか？

「もし、会社に突然解雇されたらどうするか？」「もし、病気になって働けなくなったらどうするか？」「もし、夫に浮気をされて離婚せざるを得なくなったらどうするか？」

人生で何が起きるか、一寸先は光でもあり闇でもあります。

闇にはリカバリープランを立てておくことをおすすめします。

エピソード

東日本大地震で露呈したのは日本のリスク対策の甘さ。一方アメリカは指揮命令系統から行動マニュアル化まで、危機管理が徹底されている。

危機に瀕して右往左往のパニックとなり、状況が悪化していった。それに対してアメリカでは、指揮命令系統から行動マニュアル化まで、危機管理が徹底されている。天災が起きないようにすることは不可能だから、起きたときにどう対応するかの策を備えておくことが必要。

ランを立てる方法

STEP. 1

人生のリスクを想像する

起こりうる不運

ある日突然
会社をクビにされる

離婚や解雇、病気など、人生に起こりうる不運を想像し、対策を考えよう。

人生に起こりうるリスクは複数考えられる。それらに対して、もしそれが現実になったらどうするかのプランをつくろう。

Q あなたに起こりうる人生のリスクは何ですか?

リカバリープ

STEP.2

プランを3つまで考え、備える

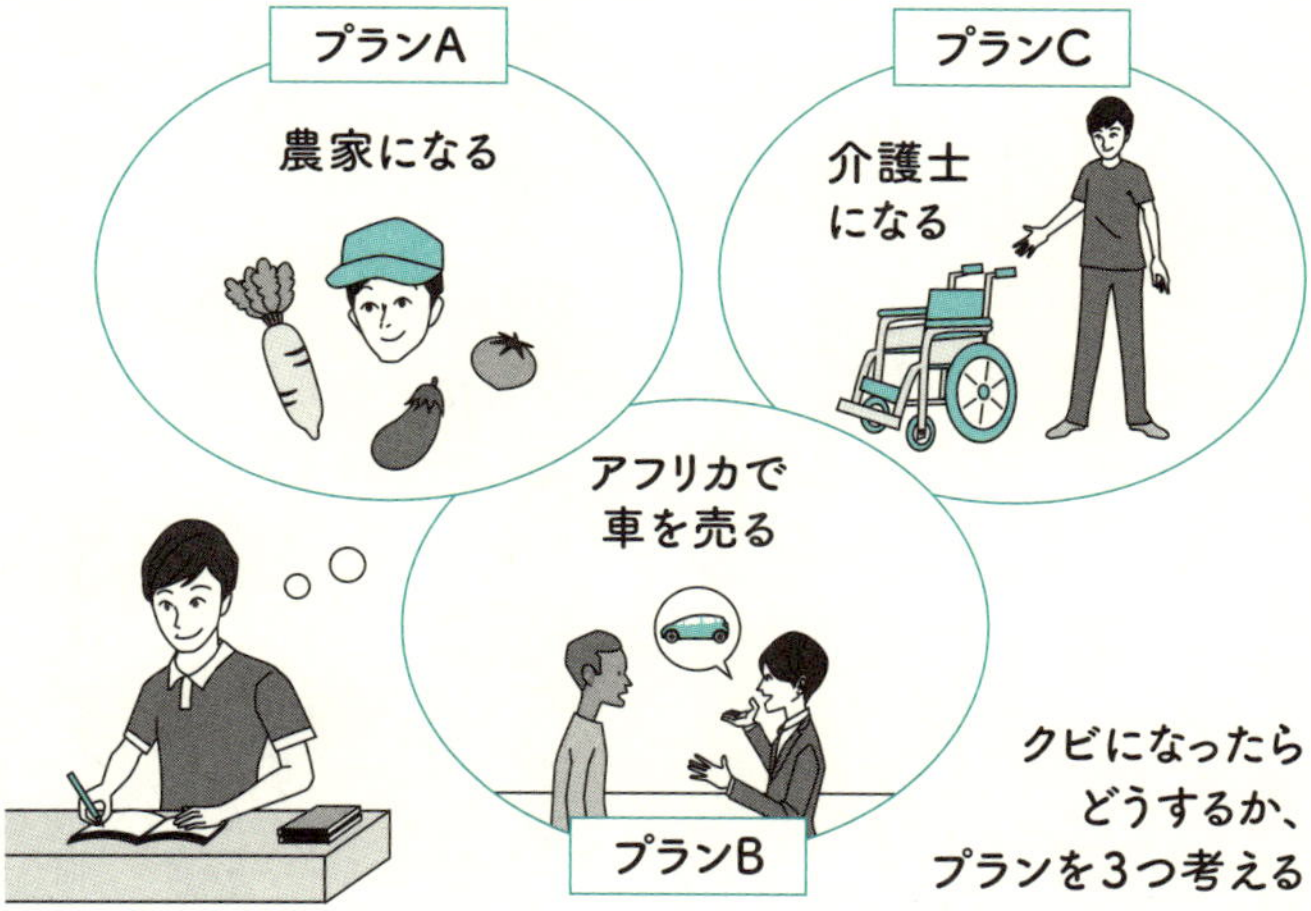

複数のプランを立てたら、学習を習慣化するなど備えを始めよう。

１で考えた対策案以外に、まったく方向性や発想の違う選択肢をさらに２つ考えてみよう。対策案を決めたら、いつ現実になってもいいように備えを始めよう。

スキル 24

行動のブレーキを外す

POINT

未経験でリスクのあることに挑戦することで自分を成長させ、能力を向上させることができる。

なぜ多くの人は、リスクを前にすると思い切った行動ができないのでしょうか？それは、人の心理には2つのゾーンがあることから説明できます。

1つは、**コンフォートゾーン（快適領域）**、**いわば安全地帯**です。自分のできることや経験のあること、会ったことのある人と会うなどは、快適に行動できることです。

2つ目は**アンコンフォートゾーン（リスク領域）**、**危険地帯**です。今までやったことのないこと、経験がないこと、見知らぬ人と会うことなどは、リスクを感じます。

人は生存本能から安心・安全を守ろうとするので、リスクを基本的に避けるようにできています。しかし、**成長していくためには、リスク領域に進んでいかなければなりません。**

仕事でも新しい挑戦やリスクを避けては成果を挙げることはできません。自分を成長させ能力を向上させていかなければ、生き残れないのです。

そのリスク領域に踏み出す行動のブレーキとなるものは次のような考えです。「どうせやっても意味がない」「自分には無理だ」「失敗が怖い」「自分がやらなくても誰かがやる」……いざ行動しようとすると言い訳が溢れ、行動にブレーキをかけるのです。

したがって、**一歩踏み出すためにはこれらのブレーキに対処していく必要があります。**

そのためには、行動に移せないことを書き出し、その背後にある言い訳、ないし心理的なブレーキを突き止めた上で、それに対して反論することが有効です。最後に反論した結果、行動できる心の準備が整ったら、心のブレーキはもう外れています。

エピソード

パソナの南部靖之氏は、思ったことをすぐに実行に移す桁外れの行動力の持ち主。

人材派遣の最大手パソナの創業者である南部氏は、就活中に起業したり、アメリカ大統領と友人になると決めたら友人をたどり大統領と食事をしたりする。「迷うのはどこかにやりたい気持ちがあるから。短い人生やらないで後悔するより、やって後悔したい」と南部氏は言う。

キを外す方法

STEP.1

行動に移せないことを書き出す

海外移住、音楽活動、好きな人への告白など、
踏み出せないでいることを考えよう。

あなたが行動したいと思っているけれど、なかなか踏み出せないでいることを、5つほど挙げてみましょう。

Q あなたがなかなか行動に移せないことは何ですか？

TRY! やってみよう 心のブレー

STEP.2

言い訳リストを書き、それに対して反論する

新しいことを始めるときへの心理的な抵抗に、一つ一つ反論して心の準備を整えよう。

1で書いたことについて、その裏に潜む言い訳を書いてみよう。その上で、言い訳に対してあえて反論していく。最後まで反論し、行動できる心の準備が整ったら、心のブレーキはもう外れている。

 Q その言い訳に対する効果的な反論は何ですか?

スキル25

ベビーステップで動いてみる

POINT

解決に向けた行動を続けることで、希望を持ち続けることができる。

絶望の中で希望の光を見つけられず、その中にただ埋もれていれば誰しも精神状態は悪くなります。**マイナス思考からすぐに抜け出す人は、希望に向けた小さな行動（ベビーステップ）を見つけ出して行動し続ける人です。**

行動するとポジティブな気持ちになり、新しいヒントが湧いてきたり、新しいチャンスがやってきたりします。さらに行動を積み重ねると、さらなるヒントとチャンスがやってくるという好循環のサイクルが生まれます。一方、マイナス思考にとらわれる人は考えてばかりで行動できません。行動しなければ事態は進展しないばかりか、どんどん悪化して、ますます自己嫌悪に陥りストレスが溜まるというサイクルです。

ベビーステップとは赤ちゃんの一歩という意味です。**行動できるレベルまで徹底的にハードルを下げて「とりあえずやってみる」**。これが大切です。

羽生善治さんは著書『勝負哲学』の中で次のように語っています。

「スランプのときなどは、何でもいい、小さなことでいいから、何かを変えてみるといいと思います。早起きをするとか、服装を変えるとか、新しい趣味を始めるとか。生活の中に、そんな小さな変化やメリハリをつけることで心の停滞が防げるところがあります」

ずっと止まっているから心配が膨らむのです。不安に心が蝕まれるのです。

どんな些細なことでも解決に向けた行動を続けることで、希望を持ち続けることができ、ストレス緩和に役立ちます。

エピソード

映画『ショーシャンクの空に』の主人公は、19年間刑務所の壁に穴を掘り続けて脱出に成功した。

冤罪で投獄された主人公のアンディは、刑務所の中で壮絶な体験をする。しかしアンディは希望を忘れず、小さなロックハンマーで毎日穴を掘り続け、19年後についに脱出した。地獄の日々の中、ロックハンマーで少しずつ穴を掘るという行動がアンディの希望の光だった。

プで行動する方法

STEP.1

行動のハードルを下げる

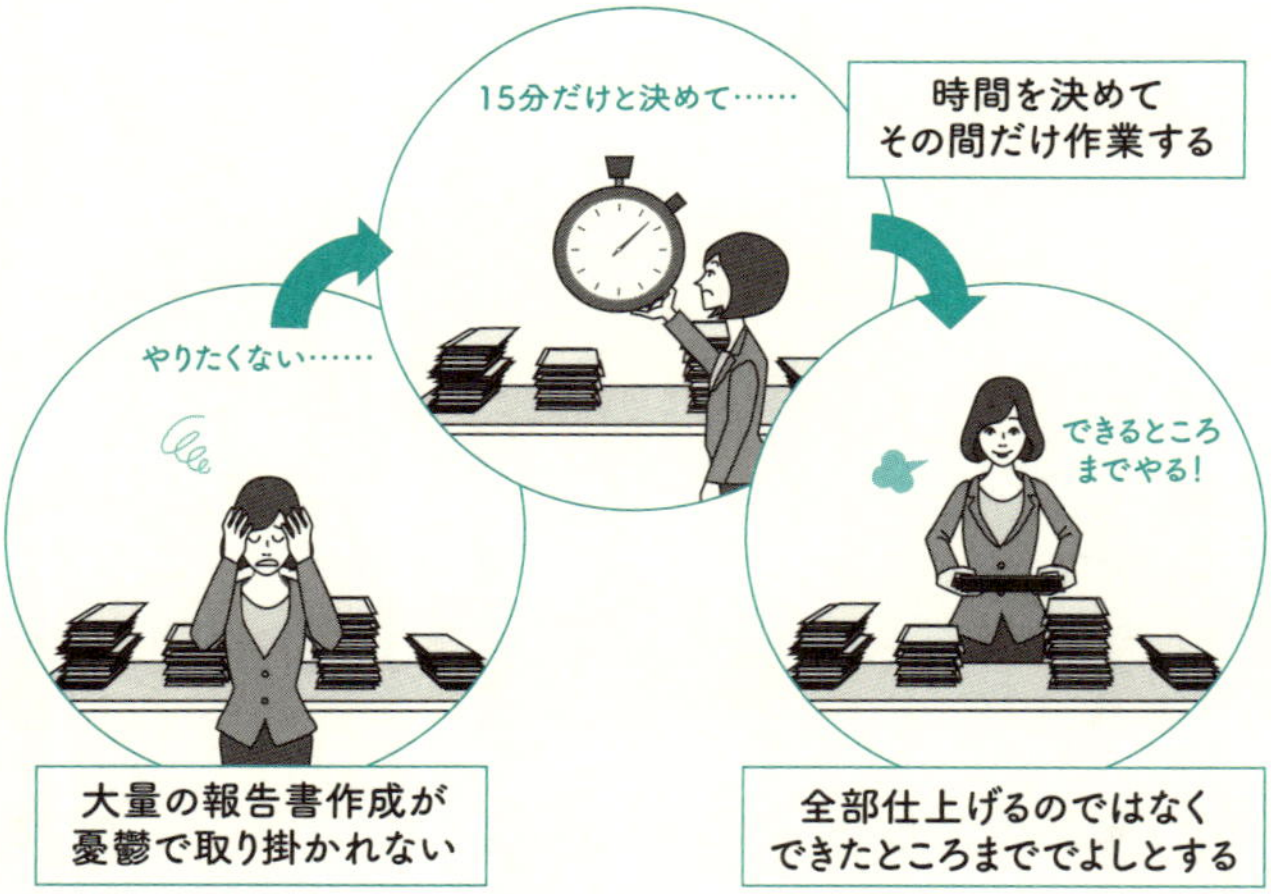

報告書の作成など気の重い作業は、
15分間だけやることを考え、動き出そう。

気が重い作業でも時間を区切って難易度を下げ、簡単に始められる最低限のハードルを設定することで動き出すことができる。

TRY! やってみよう

ベビーステッ

STEP.2

ダメなら新しい行動を試す

1つの方法がだめでも……

別の方法を試す!

1つの方法がうまくいかなくても、別の方法を試して行動し続けよう。

1つの方法がダメでもあきらめず、新しい方法を試すこと。そのためにも、常に選択肢を3つは考えておくことが大事。

Q 1つの方法がうまくいかなければ別の選択肢は何ですか？

第5の習慣
できることに集中する

まとめ

スキル 21 強いプレッシャーのかかる状況に置かれたときは？

▶ **理想の結果を設定し、それを実現するためのプロセスに集中する**

スキル 22 理不尽な状況に置かれ絶望的になったときは？

▶ **できること、できないことを書き分けできることを行動に移す**

スキル 23 人生に起こりうるあらゆるリスクに不安を感じるときは？

▶ **起こりうる不運を想像し対策案を３つ考え備える**

スキル 24 新しい挑戦やリスクのあることを実行に移せないでいるときは？

▶ **行動できない言い訳を書き出しそれに対して反論する**

スキル 25 絶望的状況のなかで希望を見出せないときは？

▶ **希望に向けた小さな一歩を見つけ出し行動し続ける**

第6の習慣

運命を引き受ける

人生とは、10％は自分が作るもので
90％はそれをどう引き受けるかだ
——アメリカの作詞家　アービング・バーリン

第6の習慣を身につけるためのスキル

スキル26

変えられないことを受け入れる

POINT

どうしようもないことを受け入れることで理不尽な状況にも強くなることができる。

マイナス思考から抜けられない人の特徴は、変えられないこと、どうしようもないことに悩み続けることです。しかし、**過去の出来事や上司、会社の環境などにエネルギーを向けても、光に向かうステップは見えてきません。**

不運や人間関係の問題などは、自分の人生で出会うべくして出会った運命ととらえて正面から向き合うこと、受け入れることです。

ラグビーの元日本代表監督の故・平尾誠二さんは著書『理不尽に勝つ』（ＰＨＰ研究所）の中で、次のように述べています。「そもそもこの世の中は決して公平でも公正でもない。フェアではないのだ。人は理不尽を経験すればするほど、より大きな理不尽を体験すればするほど、鍛えられ、強くなれる」

確かに社会に出れば、会社の方針、人事異動、上司、災害、事故など人生には自分でコントロールできないことが多いのです。**変えられないことを受け入れる力を高めることがストレスに強くなる大きな対策です。**

中国に「塞翁が馬」という故事があります。昔、中国北方に住む老人（塞翁）の馬が胡の地方に逃げたが、やがてその馬は胡の駿馬を連れて戻ってきた。その駿馬に乗った老人の息子が落馬して足の骨を折ってしまったが、おかげで兵役を免れたため、戦死しなくて済んだ、という逸話です。**人生、何がキッカケで幸運、不運が訪れるか分からない**ということ。どうしようもないことは、運命として引き受ける覚悟を持ちましょう。

エピソード

全盲のスイマーである河合純一選手は、障害を自分の個性として受け入れ活躍した。

アトランタパラリンピックで金メダルを獲得した河合選手は、中学3年生のときに完全に視力を失ったが、障害を克服しようとするのではなく、自分の一部分として受け入れることから始まると考えた結果、全盲のスイマーとして活躍した。

とを受け入れる方法

STEP.1

コントロール可か不可かを分ける

コントロール不可
正義のヒーローのように
空は飛べなくとも……

コントロール可
身近にいる人を
助けることはできる。

悪いねえ……
なんのなんの！

**どんな状況でもまったく何もできないことはない。
5％や10％でも影響を及ぼせることがあれば
それは行動に移すこと。**

急な人事異動で希望しない部署に異動になっても、希望を伝えることはできる。そしてそれ以上は与えられた環境を運命だと受け入れ、精一杯頑張ること。

Q あなたが過去に遭遇したつらい状況や環境から得たことは何ですか？

TRY! やってみよう 変えられないこ

STEP. 2

コントロールできることを行動に移す

Electronics Store
コントロール不可
政治家の虚言癖は
どうしようもないこと。
○×△□！
○×△□！
コントロール可
目の前のできることに
精一杯取り組もう。

どうしようもないことは運命として引き受け、できることに精一杯取り組もう。

人生、何がきっかけで幸運、不運が訪れるかは分からないもの。どうしようもないことは、運命として引き受ける覚悟を持とう。

 Q 今後あなたがつらい状況に直面したら、自分にどんな言葉をかけますか？

スキル
27

最悪の事態に向き合う

POINT

最悪の状況を想定しておくことでいつでも冷静に対処することができる。

最悪の事態を想定するメリットは、何が起きるか分からない予測不能な状況、また重要な仕事に対する心の備えとして非常に効果的な習慣です。**最悪を想定しておけば何が起きても想定内で冷静に対処できる**のです。つまり、腹をくるということです。

そのためには最悪の事態を覚悟して向き合う勇気が必要です。仮に起きたとしても対処するのだ、という覚悟がなければ、想定したことにはなりません。恐怖や不安はどんどん大きくなるものですが、**最悪を想定することで心の暴走を食い止めることができます。**

私は2006年に会社を辞めて独立することを決心しました。一般的に独立を決意してまず襲ってくる不安と恐怖とは、本当に食べていけるのか、生活していけるのかということとです。当時はクライアントもいませんでしたし、貯金は70万円での独立。私にも同様の不安はありましたが、まず最悪の事態を想定することにしました。この場合の最悪の事態は貯金がすべてなくなって、売上が0円のときにどうするかということです。

私は、月5万円の安アパートを借りて自炊をし、自宅でビジネスをスタートすれば月13万円で生活できるという計算をしました。月13万円ならば、「最悪バイトして食いつなぐ」。このように**腹をくくったらお金の心配はなくなりました**。

もしも漠然とした将来への不安を持っているとしたら、最悪の事態を想定する必要があります。その上で、最悪の事態に向き合うことです。そうすれば、恐怖や不安のボトムライン（底辺）が見え、あなたが感じている恐怖は小さくなるでしょう。

エピソード

サッカーの長谷部誠選手は、つねに「最悪の状況」を想定する習慣を持っている。

サッカー日本代表でキャプテンを務めていた長谷部選手は、リードしていても逆転されることを想定しながらプレーするなど、「何が起こっても心が乱れないように、普段から常に『最悪の状況』を想定しておく習慣がある」と著書で語っている。

に向き合う方法

STEP.1

最悪の事態を想定する

最悪の事態①

会社が倒産する

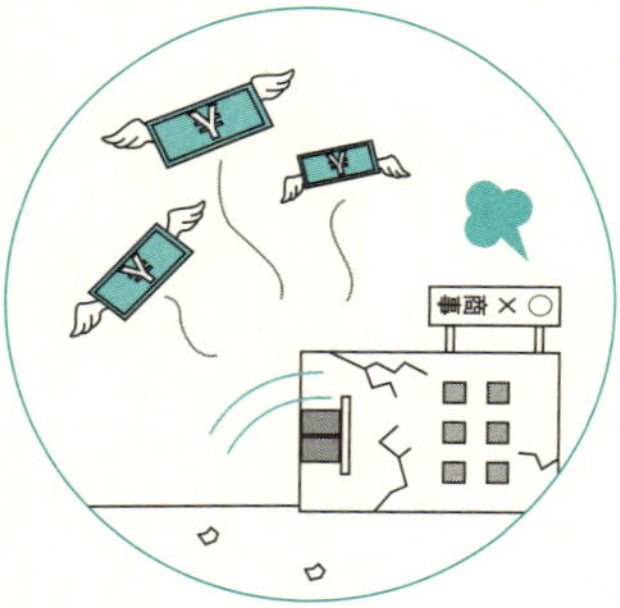

最悪の事態②

年金が大幅減額

会社の倒産、年金の減額など、
将来起こりうる最悪の事態を想定しよう。

もしも漠然とした将来への不安を持っているとしたら、最悪の事態を想定する価値がある。では、最悪の事態とは何だろう？「会社が潰れること」「年金がほとんどもらえないこと」などを想定しよう。

Q あなたの恐怖や不安がすべて的中したら、どんな状態になりますか？

TRY! やってみよう　最悪の事態

STEP.2

最悪の事態に向き合う

対策①

英会話の勉強をする

対策②

資格の勉強をする

恐怖や不安のボトムラインが見えれば、あなたが感じている恐怖は小さくなる。

たとえば会社の倒産に備えるなら、自己投資してスキルアップし、自分の市場価値を高めること。想定した事態に向けて対策案を考え、日々実行しよう。

 Q 最悪の状況に向き合うために、自分にどのような言葉をかけますか？

スキル 28

制約条件の中で生きる

POINT

制約のある環境を受け入れることでストレスが緩和され、最大の成果を出すことができる。

世の中では自分の思い通りになることのほうが少ないものです。ところが、若い頃はなかなかそれが理解できません。企業で働く人は、手続き的な作業、理解に苦しむルール、上層部の納得できない意思決定などに強いフラストレーションを感じるものです。それは大きなストレスにもなります。しかし、組織にいる以上、そのような制約条件や環境の中で最大の成果を出すことが与えられた役割なのです。

では心が強く成果を出す人は何をしているのか。それは、**与えられた環境で精一杯がんばっている人**です。たとえば、希望をしていない状況で嫌いな仕事をすることかもしれませんし、嫌な上司と仕事をすることかもしれません。

そんなときは、**人生は制約条件の中で過ごすものだと肝に銘じておくことがストレス緩和に役立つ**と考えます。また、制約があるから知恵が生まれるのです。

季節や天候は自然のもので受け入れるしかないものです。そして受け入れているからこそ、雨の日は雨の日の過ごし方ができるのではないでしょうか？

『置かれた場所で咲きなさい』（幻冬舎）の著者・渡辺和子さんは、強いストレスを感じていたとき、一人の宣教師から短い英詩をもらったそうです。そこには次のような言葉がありました。「Bloom where God has planted you.（置かれた場所で咲きなさい）」。あなたが置かれる場所は自分では決められないこともある。**ならばそれを運命ととらえ、そこで精一杯綺麗な花を咲かせなさい**、ということです。

エピソード

徳川家康は豊臣秀吉から与えられた荒地を整備し、世界有数の大都市にまで育て上げた。

徳川家康が豊臣秀吉からご褒美にもらった土地は荒れ果てたど田舎で、それと引き換えに家康が長年統治していた駿河、遠江（静岡）、甲斐（山梨）、信濃（長野）の４カ所を取り上げられてしまうが、家康はこの土地を黙々と改良してのちの江戸幕府の基盤を作り上げた。

け入れる方法

STEP. 1

ストレスを感じている要素を書き出す

考えられるストレスの原因

企画を何度出しても却下され、
それが段々とストレスに。

会社で企画がなかなか通らないなど、何がストレスになっているか考えよう。

まずはいま、自分が何にストレスを感じているのか、書き出してみよう。「上司との関係がうまくいかない」「企画がなかなか通らない」「妻とのケンカが絶えない」「子どもが勉強をしない」「部下が成長しない」「休みの日も仕事をしている」、などなど。

Q あなたがストレスを感じていることは何ですか？

TRY! やってみよう 制約条件を受

STEP.2

制約条件を受け入れるメリットを考える

**ストレスに感じていることに
メリットを見出すと、制約条件を
受け入れることができる。**

たとえば会社で企画がなかなか通らないことをストレスに感じているなら、それを「内容をじっくり検討して深められるチャンス」と捉えるなど、メリットを考えてみよう。

Q 今の制約条件を受け入れるためにどんな座右の銘を選びますか?

スキル
29

不確実な未来を楽しむ

POINT

不確実性を楽しむ心の余裕を持つことでよりチャンスに恵まれることになる。

マイナス思考からなかなか抜けられない人は、寄り道しないで山登りをするような人生観を持っている傾向があります。つまり、先を予測しきちんと計画を立てて準備をしていくスタイルで、なるべく不確実なことをなくしたいという気持ちが強いのです。

極端な話、受験の合否判定を待っているときの苦しさに比べれば落ちた苦しみのほうがマシ、と考えるほどです。ハッキリしない状況より、嫌な結果でもハッキリしたほうがまだ落ち着くのです。

もちろん、これが悪いわけではありません。しかし、未来は予測がつかないことがたくさんあります。

一方、**マイナス思考から抜け出しやすい人は、波乗りの人生観とでもいうべき柔軟性があります。**いつどんな波（出来事）が来るかは完全には予測不能なので、その場で状況対応しながら柔軟に行動するスタイルです。

無計画がいいわけではありませんが、不確実性を楽しめる自由度や心の余裕があれば、チャンスにも恵まれます。山はくねくね歩いたほうが得ることも多いのです。

不確実な未来を受け入れるにはまず、**山登りの精神で将来への不安の曖昧さをできるだけ減らすこと**です。結婚、病気、年金、老後、家族など、未来の不安が複数ある場合はすべて書き出し、その曖昧さをなくして対策を考え、できることはすべて着手していきます。

エピソード

映画『踊る大捜査線』の脚本家、君塚良一さんは、脚本家になるために笑いの勉強からスタートしたという。

君塚さんは、大学の先生の紹介で萩本欽一さんを紹介され、面接した際に「くねくね歩いて、寄り道を沢山することで、別のことを学べることもある」とアドバイスされ、笑いの勉強からスタートしたと、著書『「踊る大捜査線」あの名台詞が書けたわけ』（朝日新書）で語っている。

を受け入れる方法

STEP. 1

将来の不安を明確にする（山登りの精神）

倒産や離婚、病気など、将来起こりうる不安事項をすべて書き出してみよう。

まず、未来の不安を明確にしよう。複数ある場合はすべて書き出し、曖昧さをなくして対策を考え、できることはすべて着手していこう。

Q あなたは未来のどんな不安におびえていますか？

TRY! やってみよう

不確実な未来

STEP.2

不確実を受け入れる（波乗りの精神）

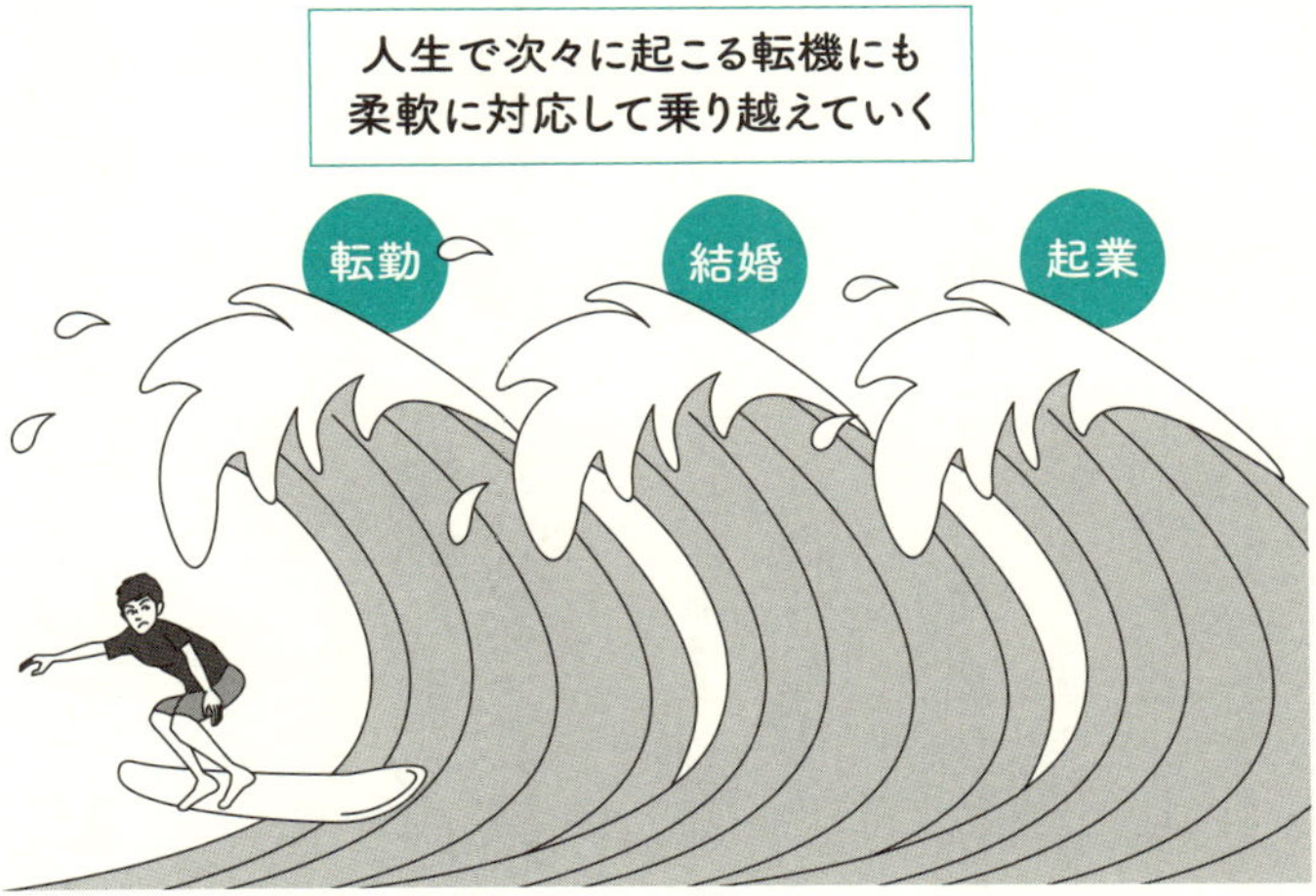
人生で次々に起こる転機にも
柔軟に対応して乗り越えていく
転勤
結婚
起業

不確実なことも、たくさん遭遇することで徐々にうまく乗り越えられるようになる。

山登りスタイルで具体化して準備をしたら、あとは波乗りスタイルで状況対応していこう。不確実なことにたくさん遭遇すれば、徐々に波乗りも上手になる。

 Q 未来の不確実性を受け入れるために効果的な言葉は何ですか？

スキル30

人生の試練を覚悟しておく

POINT

不運や試練はプラスの側面を見つけることでストレスを大きく軽減させることができる。

多くの人の人生には必ず不運や試練がやってきます。この出来事自体はコントロールできませんし、受け入れるしかありません。ただし、**受け止め方、考え方でストレスは大きく変わります。**

ネイティブアメリカンに「自然を愛することは、晴れる日も曇る日も嵐の日も愛するということだ」という格言があります。これはそのまま人生にも当てはまります。つまり、「人生を愛することは、楽しい日も、苦しい日も、絶望する日も、愛するということだ」。人生も楽しいことばかりであれば最高です。しかし、失恋する、人から裏切られる、会社が潰れる、人の死に直面する、深刻な病気になる、事故に遭うなど、必ずつらいことも待ち受けているのが人生です。

だから、試練は覚悟しておくことです。そして、**大切なことはその試練がやってきたときに潰されない強い自分をつくっておくこと**です。

何かつらい出来事が起きると、私たちは「なぜ起きたのか。あれさえなければ」と過去を悔いてしまいがちです。しかし、それは起きるべくして起きた運命だととらえれば、向き合うことができます。反対に言えば、もし今起きている現実と向き合えなければ、次に進むことはできません。

苦しいときにこそ成長のチャンスや成功の種が眠っているものです。プラスの側面を見つけて成長につなげましょう。

エピソード

東レ経営研究所の佐々木常夫氏は、苦しい状況も運命として引き受け、強い精神力で乗り切った。

息子さんの自閉症に悩んだ夫人がうつ病を発症、2度の自殺未遂をしただけでなく長女までもが自殺未遂をするという大変な時期に、大阪への単身赴任を命じられた。しかし彼は、「自分が決めた人生にまつわる出来事は運命だ」と思って引き受け、並外れた精神力で乗り越えた。

を覚悟する方法

STEP.1

偉人の人生を疑似体験する

糸紡ぎを奨励してインド独立を指導した
ガンディーの人生を疑似体験する

ガンディーやマンデラなど偉人の伝記を読み、
その人生を疑似体験しよう。

自分の人生は一度きりだが、他人の人生を疑似体験することはいくらでもできる。あなたが尊敬できる人の本や映画などによって人生を疑似体験すると効果的。

Q あなたに起きた過去の不運を振り返るとどうですか？

TRY!
やってみよう

人生の試練

STEP.2

試練を運命ととらえ、その中に希望を見出す

試練が起きても

丹精込めて育てた野菜が
病気でほぼ全滅しても……

▼

成功の種を見つける

生き残った野菜を育てて
成功につなげることができる

試練を運命として向き合い、成長のチャンスや成功の種を見つけよう。

何かつらい出来事が起きたときは、起こるべくして起きた運命ととらえ、今起きている現実と向き合った上で、そこにプラスの側面を見つけて成長につなげよう。

 Q 試練を運命ととらえるためには、どんな考えが必要ですか？

第6の習慣
運命を引き受ける

まとめ

スキル 26 どうしようもないことに悩み続けてしまうときは？

▶ **コントロール可能か不可能か考え**
不可能なことは運命として引き受ける

スキル 27 どんな状況でも平常心を保つためには？

▶ **最悪の事態を想定し**
それに向き合って備える

スキル 28 望まない状況に置かれてストレスを感じているときは？

▶ **ストレス要因を書き出し**
制約を受け入れるメリットを考える

スキル 29 不確実な未来に不安を感じるときは？

▶ **将来の不安を明確化し**
不確実を受け入れる心構えをもつ

スキル 30 不運や試練に遭ったときは？

▶ **偉人の人生を疑似体験し**
試練と向き合い成長につなげる

完璧さは心の中にのみ存在するものだ
現実には存在しない
――フランスの映画監督　ジャン・ルノワール

第7の習慣
完璧主義をやめる

スキル31

例外を認める

POINT

柔軟性に欠ける完璧主義思考を見直すことで少ないエネルギーで状況に対応できる。

ストレスを上手に処理できる人の特徴は、**強さよりもむしろ柔軟性、しなやかな心、柔らかな心を持っている**ということです。一方、「例外を許さない」完璧主義の思考が強い人は、すべてにおいて過度なプレッシャーを自分にかけるため、ストレスを上手く処理できず精神疾患になりやすい傾向があります。

仕事もプライベートもすべて計画通り、予想通りなどあり得ません。**時に「効果的な妥協」をすることも必要です。**柔軟性に欠ける完璧主義思考を見直すことで、少ないエネルギーで状況に対応することができるようになります。

しかし、自分に厳しい完璧主義の人は、「仕事の質が下がり周囲に迷惑をかけるのではないか」などと不安で、なかなか改善できないもの。では、どうすれば仕事の質を落とさず、自分に過度なプレッシャーをかけずに仕事ができるようになるのでしょうか？

それにはまず、**「例外を許さない」思考を棚卸ししてください。**あなたが持っている、「絶対にこうでなければならない」という完璧主義の思考をリストアップするのです。

そして、**「例外」を設定します。**たとえば、「仕事の質を担保できない場合には○○さんにサポートしてもらう」という許可を自分に出しておく。そうすることで思考の柔軟性が高まります。そしてその上で、**自分に言い聞かせている言葉の表現を変える習慣**を身につけましょう。たとえば、「失敗してはならない」という言葉は「最善を尽くさない失敗は許さない」に。努力したなら失敗してもいいと自分を許せるようになります。

エピソード

ある広告代理店の敏腕マネジャーは、自分を追い込み過ぎて業務量が限界を超えたことで、うつ病になってしまった。

彼女は出世頭で、絵に描いたようなキャリアウーマン。ところが部下2人が突然退職してしまい、それをカバーするために必死に仕事をこなしていたが、ついに限界が訪れる。自分で100％状況をコントロールできないとき、強すぎる責任感は自分を潰してしまいかねない。

認める方法

STEP. 1

「例外を許さない」思考を棚卸しする

例外を認めないあまり自分に負荷をかけ、
体調を壊してしまってはNG。

**仕事やプライベートで、
自分自身に負荷をかけている
完璧主義の思考はないだろうか？**

自分が持っている、「絶対にこうでなければならない」「こうあるべきだ」という完璧主義の思考をリストアップしよう。

Q あなたの中の「例外を許さない」思考は何ですか？

TRY! やってみよう 例外を

STEP.2

ルールを緩め、例外を設定する

例外 どうしても納品できないときは同僚に代わりに届けてもらう。

例外をあらかじめ設定しておくことで自分に過度なプレッシャーをかけずに済む。

仕事の質を担保できないときは誰かにサポートしてもらう、という許可を出しておくなど、完璧主義の思考に対して、例外をあらかじめ設定しておくことで思考の柔軟性が高まり、自分に過度なプレッシャーをかけなくて済むようになる。

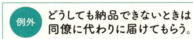

スキル
32

白か黒かの思考を変える

POINT

白か黒かで判断せずグレーゾーンを見ることで、よい点が見えて次につなげることができる。

完璧主義の傾向が強い人は、「成功か失敗か」「0点か100点か」と白か黒かで判断したがります。これを白黒思考と呼びます。しかし、どんなにうまくいったことの中にも反省点があり、どんなに失敗と思っていてもそこから得られることがあるものです。

白黒思考が問題なのは、すべてのことに100点を求めるため、過剰なエネルギーを使ってしまうこと、1つでもうまくいかないことがあると0点と判断して自己嫌悪に陥ることです。さらに問題なのは、「失敗」と判断してしまうと、その中にあったよい点が見えなくなることです。

白黒思考から抜け出すためには、**グレーゾーンを見ること**が大切です。

そのためにはまず、基準を設けるとよいでしょう。80％でよいものもありますし、120％の質が求められるものもあります。その基準を柔軟に決めることです。

その上で、**「MUST」（絶対に必要な要素）と「WANT」（できたら欲しい要素）を押さえます。**完璧主義の人はすべての工程や手順を完璧にやろうとしがちですが、**それはプロセスの100点であって、結果の100点とはズレているケースが多い**のです。

そうならないためには、MUST、WANTをしっかり把握することです。たっぷり時間があれば両方を満たすけれど、業務が立て込んだり、予期せぬトラブルが起きたりしたら最低限MUST部分だけを押さえる。**相手の要望をMUST・WANTで押さえておけば、結果として、120点150点の満足度を得ることができる**のです。

エピソード

ある中堅企業の社長は毎朝8時に出社するという目標を掲げ、最初の週は2日間だけの達成で納得し、翌週には5日間成功した。

私がコーチングしていたある中堅企業の社長は、朝早く起きるのが苦手で社員より2時間遅く出社する習慣がついていたため、それを改善しようと目標を立てた。最初の週は2日だけ達成できたというのでそれをポジティブに評価してもらったところ、翌週には5日間達成できた。

を緩和する方法

STEP. 1

基準を設ける

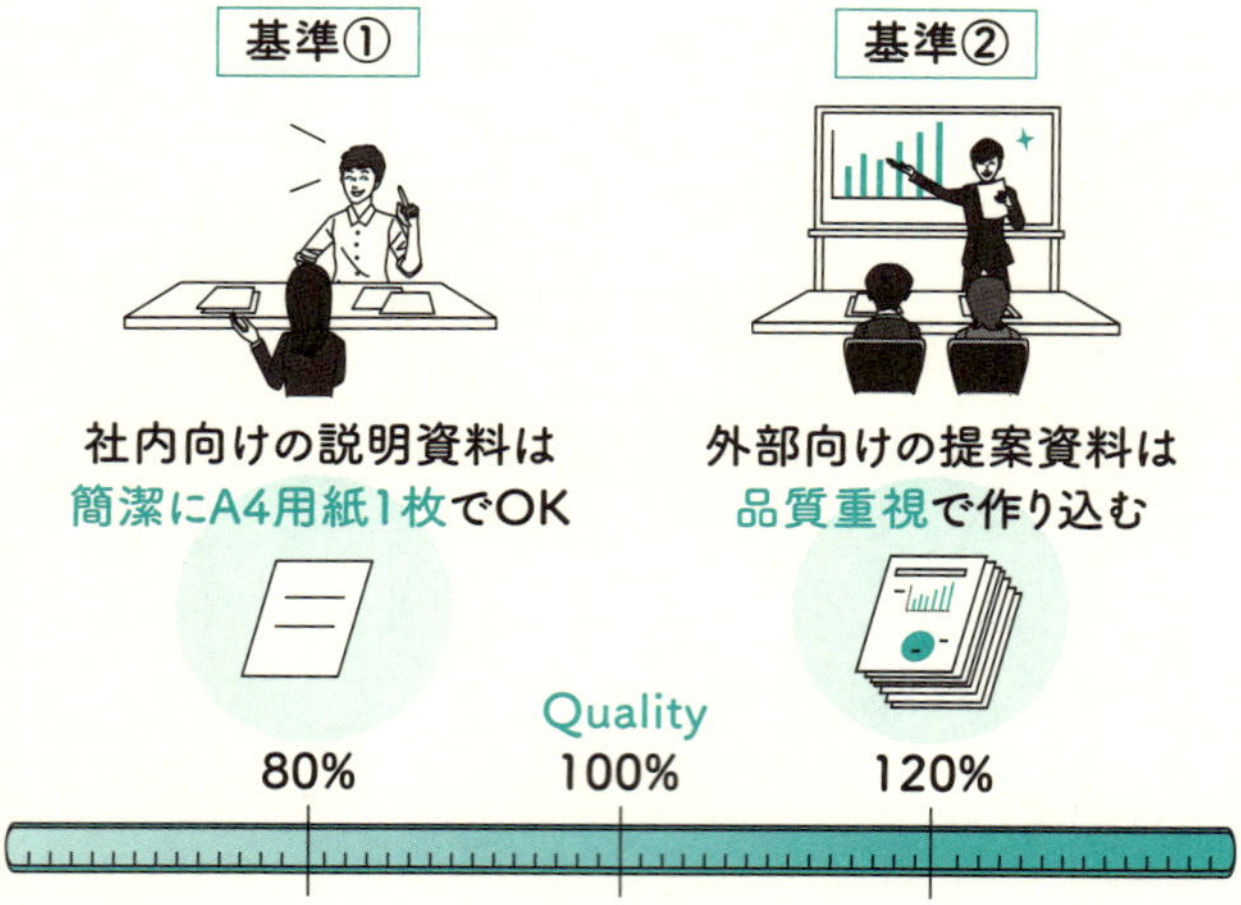
基準①
基準②
社内向けの説明資料は
簡潔にA4用紙1枚でOK
外部向けの提案資料は
品質重視で作り込む
Quality
80%
100%
120%

**80%でよいものもあれば、
120%の質が求められるものもある。
その基準を柔軟に決めること。**

たとえば社内の打ち合わせ資料なら80%でOK、お客様への提案書なら120%を目指す。

TRY!
やってみよう

白黒思考

STEP.2

MUSTとWANTを押さえる

新居を探しているお客様の
MUSTとWANTを区別して考えると……?

相手の要望を「絶対に必要な要素」と
「できたら欲しい要素」で分けて考えよう。

たっぷり時間があれば両方を満たすけれど、業務が立て込んだり、予期せぬトラブルが起きたりしたら最低限MUST部分だけを押さえる。相手の要望をMUST・WANTで押さえておけば、結果として、120点150点の満足度を得ることができる。

スキル 33

目的志向で発想する

POINT

本来の目的を見据えて取り組むことで結果を伴った仕事をすることができる。

完璧主義の人はプロセスを完璧にこなすことに意識が集中してしまい、結果や効果から目が離れてしまうケースがよくあります。

私の例を挙げると、情報システムの営業をやっているときに社内の事務処理が多すぎて、事務処理や資料作成だけで毎日24時まで残業し、ほとんど外出できていない状況が続きました。しかし、営業の本分はお客様との関係強化、販売なのです。目の前のTODOに追われて本来の目的を見失っていたのです。

常に、「目的は何か？」「何を達成すればいいのか？」を見据えておかなければ無駄なことに多くの時間を使ってしまいます。

そうならないためにも、つねに目的志向で考える習慣を身につけましょう。

そのためにはまず、**相手視点で考える**ことです。仕事には必ず依頼者がいます。その人が望んでいるものを提供するためにも、相手目線、相手基準で考えることが重要です。つねに自分に、「相手は何を望んでいるか」と問いかけることです。

そして、**ゴールイメージを明確にします。**「相手がどういう状態になれば成功なのか?」と自らに問いかけてみることです。「さらにその先に何を求めているのか、どうなればいいのか?」と深く掘り下げるとさらに有効です。

このように、**つねに目的志向で考え、迷ったら定期的に立ち戻れるように、目的を明文化しておくこと**をおすすめします。

エピソード

あるソフトウェア会社の社員は、重要なプレゼンのために完璧に準備したが、肝心な目的を忘れていた。

大きなイベントでプレゼンすることになった彼は、完璧な資料をつくり話す練習も完璧にしていたが、資料にはブースのこともブースに来たくなる内容も書かれておらず、「このプレゼンの目的は?」と尋ねると答えられなかった。プロセスに追われて、本来の目的を見失っていた。

で発想する方法

STEP.1

相手視点で考える

相手が望んでいること
大盛況!!
○×商事
イベントブース
クライアントが
求めているのは
なによりまず
商品が売れること!

自分がどうしたいかではなく、
相手は何を望んでいるかをいつも考えよう。

仕事には必ず依頼者がいる。その人が望んでいるものを提供するためにも相手目線、相手基準で考えることが重要。「相手は何を望んでいるか」、常に問いかけるようにしよう。

TRY! やってみよう

目的志向

STEP.2

ゴールイメージを明確にする

どうなれば成功なのかをイメージし、
目に見える状態にして課題に取り組もう。

「相手がどういう状態になれば成功なのか?」と自分に問いかけ、常に目的志向で考えること。迷ったらいつでも立ち戻れるよう、目的を明文化しておくのもおすすめ。

 Q 最終的に、相手がどんな状態になれば成功なのでしょうか?

スキル 34

すべてに制限を設ける

POINT

制限を設けることでプロセスを改善することができる。

完璧主義の人は、自分で決めた計画通り仕事を進めたがり、結果から見るとそのプロセスには過剰な作業や余計な工程が盛り込まれていて、時間対効果が悪いことも多いものです。「もしも半分の時間で済ませるとしたらどうするか？」と問いかけると、重要な部分とそうでない部分がハッキリと区別できます。

ポイントは、結果を出すためのキモを見つけ出し、余計なものを捨てることです。私は社内の資料であれば作成時間を30分と先に決めて、その範囲内でできたもので打ち合わせをします。誤字脱字チェックや多少意味が通じない部分は、口頭で補足すれば目的は達成されるからです。また、働く時間も制限しています。18時になったら一切仕事をしないというルールを徹底すると、その時間内でどうやって処理するかを考えるようになります。つまり、**プロセスを見直す強制力が働く**わけです。

これが制限を設けて、プロセスを改善するということです。まず制限を設ける対象を決め、徹底的に計画を立てて集中する。それを実現するためには、**何が重要なポイントか、余計な作業は何かを区別すること**です。計画段階で何を捨てるのか、簡略化するのかを考えておくことが重要です。

80：20の法則によると、結果の80％は20％の作業によってもたらされると言われています。この20％の作業を定義して、そこに時間とエネルギーを投入することが重要なのです。

エピソード

ある会社社長は、業務の進め方を抜本的に改革するためにある部署の人員を7割カットし、結果改革に成功した。

ある日の会議で「経理部の人員を7割カットする」と宣言した同社長は、「もし2割カットなら残った8割がカバーしてしまうが、7割カットだと抜本的に仕事の進め方を変える必要性があり、業務効率化のアイデアが出てくる」と予測。結果、3割の人員で運営できるように。

設ける方法

STEP. 1

制限を設ける対象を決める

時間に制限を設ける
今日は18時までに
終わらせる！
いつも遅くまで
残業続き……

毎日遅くまで残業続きなら、就業時間を厳密に設定して計画的に仕事を進めよう。

制限には、時間制限、チェック回数制限、人数制限などがある。個別の仕事に時間制限を設けたり、資料をチェックする回数を決めてしまうなどすることで、結果的にPDCAを実践することになる。

Q あなたの仕事で最も非効率な業務は何ですか？

TRY! やってみよう **制限を**

STEP.2

徹底的に計画を立てて集中する

徹夜してまで資料を
作り込むのは非効率……
必要な作業だけ効率よく
取り組んで短時間で完成!

時間対効果で考え、余計な作業はしない「効率的妥協」を意識して実践しよう。

制限を設けてそれを実現するためには、何が重要なポイントか、余計な作業は何かを区別することが大切。計画段階で何を捨てるのか、簡略化するのかを考えておくのがおすすめ。

スキル
35

失敗恐怖症を克服する

POINT

失敗を恐れず挑戦し、改善点を見つけて行動を繰り返すことで成長することができる。

失敗を過剰に恐れる人は、完璧にリスクが解消されていないと行動できないもの。一方、失敗しても立ち直りが早い人は、行動して試しながら徐々に上達していく、改善点を修正してよい状態にしていこうという発想を持っています。

仕事でもプライベートでも、「やってみないと分からないこと」はたくさんあります。しかし、怖がって立ち止まっていては答えが出ません。大切なことは、**やってうまくいかないことがあったらすぐに改善点を見つけてまた行動する。これを多く繰り返すことが成長・成功する唯一の道なのです。**

よく、間違いを恐れて発言しない人が多いということが言われますが、不安や心配があるのはリスク領域に踏み出したからで、成長に向かっている証です。能力が拡大するときは必ず恐れが伴うのです。恐れと上手に付き合う必要があります。

失敗恐怖症を克服するためには、見切り発車し、失敗経験を増やすことが大切です。見切り発車するときは基準を決めるといいでしょう。たとえば、7割準備できたらとりあえずやってみる、1週間だけお試しでやってみてそのあと計画を立てる、などです。すると、うまくいかなかったという経験をたくさんすると思います。でも、それでよいのです。ただそのとき、**「失敗＋改善」をセットにすること**が前提となります。最終的には「失敗＋改善」で成功した、成長したという経験が、それまでの失敗に意味を持たせてくれ、失敗恐怖症から脱却させてくれるのです。

エピソード

マイクロソフトのWindowsは、ユーザーが使用して発生した不具合に逐次対応し続けることで最適なシステムに作り上げられている。

自動車メーカーであれば、事故が起きては問題だから何度もテストを行い、万が一の不具合も発生しない状態にして出荷するが、マイクロソフトの発想はまったく異なり、「発生する不具合にエンジニアが即座に対応し続けることでOSは徐々に最適なものになる」というもの。

を克服する方法

STEP. 1

見切り発車する

うまくいかないことは
「素早く修正する」という発想で、
基準を決めて見切り発車をしよう。

飲食店に入ったら注文を決める前に即店員を呼ぶなど、日頃から見切り発車の練習をしよう。7割準備できたらとりあえずやってみるなど、100%決心がついていない状態でも走りだす習慣を身につけよう。

TRY!
やってみよう

失敗恐怖症

STEP.2

失敗経験を増やす

乗らず嫌いでは
恐怖はなくならない
一度転んで痛さの程度を
知れば恐怖はなくなる

**改善とセットで失敗する経験を増やし、
成功体験によって失敗恐怖症から脱出できる。**

自転車も、一度でも転んで痛さの程度を知れば恐怖心は和らぐように、うまくいかなかったという経験をたくさんすることが大切。その際、失敗は改善とセットにするよう習慣づけておけば、どんな失敗にも意味が見いだせるようになる。

 Q とりあえず見切り発車してみようと思うことは何ですか？

第7の習慣
完璧主義をやめる

まとめ

スキル **31** 妥協ができず、自分に過度なプレッシャーをかけやすいときは？

▶ 完璧主義の思考をリストアップし 表現を変えて例外を設定する

スキル **32** 白黒思考で自己嫌悪に陥りがちなときは？

▶ グレーゾーンから 小さな成果を見つける

スキル **33** 本来の目的を見失いがちなときは？

▶ 相手基準で考え ゴールイメージを明確にする

スキル **34** 完璧主義で時間対効果が悪いときは？

▶ 時間やチェック回数に制限を設け 優先度の低いところは効率的妥協をする

スキル **35** 失敗を過剰に恐れて行動できないときは？

▶ 失敗＋改善体験を増やし 見切り発車する習慣をつける

ただのランプをつくっているのではない
家庭の笑顔をつくっているのだ
——現パナソニック創業者　松下幸之助

第8の習慣
プラスの側面を見る

第8の習慣を身につけるためのスキル

36 失敗を貴重な体験に変える
37 プラスの意味を見つける
38 乗り越えられる試練と信じる
39 感謝できることを見つける
40 嵐は必ず過ぎ去ると心に刻む

スキル 36

失敗を貴重な体験に変える

POINT

一つの経験を客観的に振り返ることで失敗も成功につなげることができる。

「失敗には必ず『理由』と『飛躍のヒント』がある。日本で積み上げてきた安打だけではなく、凡打も僕の技術を磨いてくれた」

イチロー選手が日米通算3000本安打を打ったあとにインタビューで語った言葉です。イチロー選手は試合後に毎回、ロッカールームでグラブを磨きながら、昨日は何を食べたか、よく眠れたかというところから、実際のゲームが終了するまでに起こったすべてのことを振り返るそうです。

一日の振り返りを入念に行うことは、イチロー選手に限らず多くの偉人が共通して持っている習慣です。

マイナス思考からすぐに抜け出せる人は、失敗や逆境に出会ったときにそれを肯定的に受け止める考え方を持っています。なぜならば、失敗から学んだことが成功につながった経験をたくさん持っているからです。

一方、マイナス思考が続く人は、「やっぱりダメだった」「自分には才能がない」と自己嫌悪に陥って、効果的な振り返りができず次に経験を活かすことができません。つまり、失敗は失敗のままで終わってしまうのです。

1つの経験の中には必ず、うまくいったことと、うまくいかなかったことが眠っていることを忘れてはいけません。

ここで大切なことはイチロー選手のように客観的に振り返る習慣です。

エピソード

イチロー選手は試合後に必ず、その日一日に起こったすべてのことを振り返る。

イチロー選手は試合後、毎回、ロッカールームでグラブを磨きながら、実際のゲームが終了するまでにその日一日に起こったすべてのことを振り返ることで、凡打のような失敗からも肯定的に学び、多数の安打を生み出してきた。

える4つの質問

STEP. 1

今回の経験はあなたにとって何点？

どんな経験でも評価できるところがある

まず、経験をよかった点と改善点とに仕分けするために、数値化する。結果だけでなくプロセスも含めて何点だったか評価すること。

STEP. 2

その20点の内容は？

経験から得たことを考える

STEP. 1で数値化した評価の内容を深掘りして、よかったこと、得たことに焦点を当てて考えてみよう。

TRY! やってみよう

失敗を宝に変

STEP.3

80点を埋めるためには何をすればいい？

改善策を発見する

次は、評価を上げるためにできることを考えよう。「何があればよかったか？」など改善策をたくさん発見しよう。

STEP.4

もう一度同じことをやるなら何点を目指せる？

成功のイメージを持つ

同じことをもう一度やるとしたら何点ぐらい目指せるか、考えてみよう。経験を活かすことでどれだけ変われるのか、数値で測ってみよう。

 Q その失敗に4つの質問をしたらどのような変化がありますか？

スキル
37

プラスの意味を見つける

POINT

つらい出来事にもプラスの意味を見つけ前向きに取り組むことで状況を変えられる。

誰でも、自分のやりたくない仕事や望まない環境、病気や失敗などつらい出来事に直面するとマイナス思考に陥ります。しかし**すぐに気持ちを転換できる人は、その出来事や環境・状況の中にプラスの意味を見つける習慣を持っています。**

目の前の仕事をつまらない、退屈な仕事だととらえていると、モチベーションはどんどん落ちてきます。生産性も上がらなければ、ストレスは溜まる一方です。しかし、**すべての物事の中には必ず人生にプラスになる意味が眠っているもの。**コピー取り、お茶くみ、雑用、希望しない職種や職場……すべてを嫌々やるのか、そこに意味を見出して前向きに取り組むかで人生は大きく変わります。

プラスの意味を見出すにはまず、自分の成長や目標への意味を見出すことが大切です。

たとえば起業したいという想いを持っているなら、希望しない経理部への配属でも財務を学ぶチャンスだと思えるでしょう。仮に「馬鹿にしてきた人たちを見返せる！」というような意味でも、自分にとって苦難を乗り越える意味になるのであれば、それでよいのです。

そして、**他人や社会にとっての意味を見出すことも大切**です。自分のやっていることが「他人に喜ばれる」「社会に貢献ができる」と考えれば意味を感じられます。

それに、**意味は机上で見つかるだけではなく、やってみて発見できるもの**です。嫌な職種だと思っていても、やってみると自分に役立つことがあると分かったりします。

エピソード

ガンを宣告されたジャーナリストの鳥越俊太郎さんは、ジャーナリストとしてプラスに捉えた。

２００５年にガンを宣告された鳥越さんは、当時大変なショックを受けた。しかし、ジャーナリストとしてガン患者の不安や痛み、歯がゆさを身をもって取材できるという意味を感じることで、プラスに捉えることができたという。

味を見出す方法

STEP.1 自分の成長や目標の意味を見出す

急な海外転勤を言い渡されても……

新築のマイホームが……

外国語の勉強になる！

自分にとってプラスの要素を見つけ、前向きにとらえる！

自分の目標や成長に結びつけ、プラスになることを見つけよう。

たとえば希望していなかった急な海外転勤を言い渡されても、英語を話せるようになるチャンスととらえ、自己成長につなげて考えることができる。

Q この経験は、あなたの将来や成長にとってどんな意味がありますか？

TRY! やってみよう

プラスの意

STEP. 2

他人や社会にとっての意味を見出す

大変なチラシ配りの
仕事でも……
子どもたちの
喜ぶ顔を
思い浮かべれば、
やる気が
湧いてくる！

自分のやっていることが「他人に喜ばれる」「社会に貢献できる」と考えると、意味を感じられるようになる。

喜んでくれる人のことを考えれば、目の前のお客様に対するサービスが変わってくる。最初はそれが分からなくても、やってみると自分に役立つことがあると分かり、意味が見つかることもある。

 Q それを行うと、まわりの人や社会にどんな効果がありますか？

スキル 38

乗り越えられる試練と信じる

POINT

試練を恐れない信念を持つことで絶望的状況も乗り越えることができる。

人生にはいつ何が起きるか分かりません。

私が思考習慣を研究するにあたり、多くの人の人生を調べた結果確実に言えることは、**「順風満帆な人生はなく、たくさんの試練がやってくる」**ということです。したがって問題は、**その試練に出会ったときに、どのように対処するか**です。

「神は乗り越えられる試練しか与えない」（新約聖書）という言葉は、アスリートが好んで座右の銘にしています。アスリートは、短い選手生活の中で大きな怪我をしたり、マスコミからバッシングを受けたり、大舞台で敗戦したり、タイトルを奪われたりとさまざまな試練と格闘します。彼らは**「この試練は乗り越えられる、乗り越えたら一回り成長した**

自分になれる」と自分を鼓舞する思考習慣を持っています。

多くの人は目の前につらいことが出てきたときに、「経験がない」「自信がない」と「とても無理だ」とひるんでしまいます。**どんな試練も乗り越えられるという信念を自分の中にしっかりと築いていくこと**が重要です。

では、試練に対してポジティブな信念を持つにはどうすればよいのでしょうか？

それには、**過去の試練を思い出し、そこから得られたことは何か、ポジティブに捉えること**が有効です。その上で、試練を受け入れる言葉を作ること。言葉には思考を変える力があります。今、どんなにつらく苦しい状況にあっても、必ず乗り越えられる試練だと信じれば光が見えてきます。

エピソード

首の骨を折った腰塚勇人さんは、回復を信じた懸命なリハビリによって奇跡的な職場復帰を果たした。

中学校の「熱血先生」だった腰塚さんは、ある日スキーで転倒して首の骨を折ってしまう。命は取り留めたが首から下が不随になり、一時期は自殺を試みる。しかし、「人には乗り越える力がある」と信じて懸命なリハビリを行った結果、４カ月後に奇跡的に職場復帰を果たした。

ブな信念を持つ方法

STEP. 1

過去に遭遇した試練を3つ思い出す

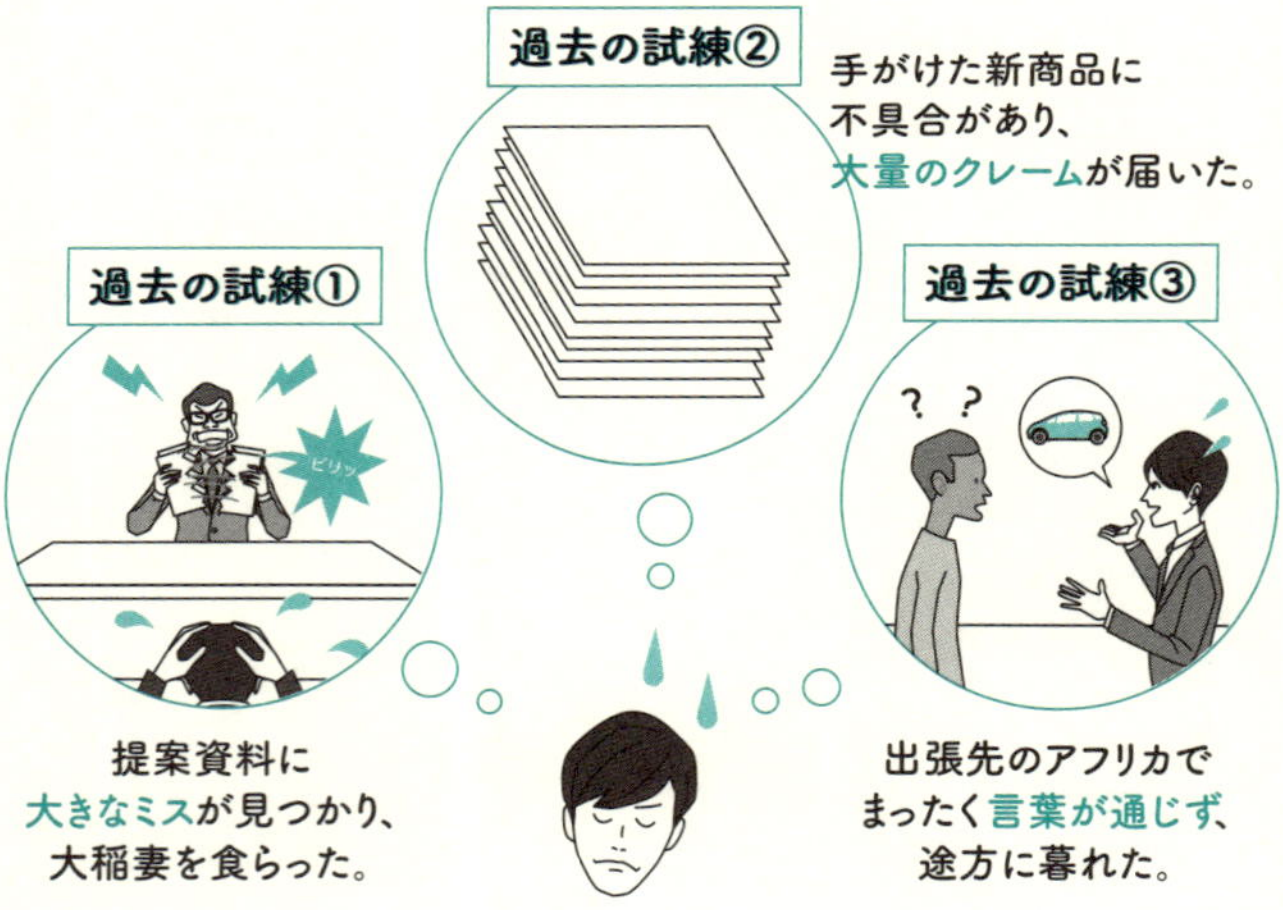
過去の試練②
手がけた新商品に
不具合があり、
大量のクレームが届いた。
過去の試練①
ビリッ
提案資料に
大きなミスが見つかり、
大稲妻を食らった。
過去の試練③
? ?
出張先のアフリカで
まったく言葉が通じず、
途方に暮れた。

仕事上のトラブルや大失敗など、どんなことが一番つらかったか、思い出してみよう。

失恋、仕事上のトラブル、病気や愛する人の死など、あなたがこれまでに経験した試練を３つ思い出してみよう。

Q 過去の試練は今、あなたのどのような糧になっていますか？

試練にポジティ

STEP.2

試練から得たことを思い出す

得たこと②
クレームを全て読み、お客様が本当に求めているものがわかった！
得たこと①
資料は作りっぱなしではなく、間違いがないか最後にチェックする！
得たこと③
! !
言葉が通じなくても身振り手振りで営業する技が身についた！

その試練をどのように乗り越え、そこから何を学んだかを考えよう。

過去の試練をポジティブにとらえることが、よい信念をつくることになる。どんなにつらく苦しい状況にあっても、必ず乗り越えられる試練だと信じれば光が見えてくる。

スキル
39

感謝できることを見つける

POINT

日々の中に感謝できることを見つけることでストレスが大きく減り、幸福感が得られる。

幸せな人に共通するのは「感謝」する習慣を持っていることです。

ふつうの人は逆を見せられて初めて、その大切さに気づき感謝をします。病気をして健康に感謝する、食べるものに困って食料に感謝する、戦争が起きて平和に感謝する、離婚して家族に感謝する。

しかし、**常にプラス思考で生きている人は普通の日々の中でも感謝を見つけられます。**

老子は「足るを知る者は富む」と語っています。

「今日一日、嫌なことばかりだった。上司には怒られるし、無理な残業はさせられるし、仕事は面白くないし、彼女との仲はイマイチだし」と不満要因ばかり見ていると人生は悲劇です。しかし、「感謝のメガネ」をかけて人生を過ごせば、まったく違う世界が見えます。
「不況の中失業せず働けていることに感謝」「仕事で叱ってくれる上司がいることに感謝」「たいして連絡もしないのに付き合い続けてくれる彼女に感謝」できないでしょうか？

感謝すればストレスは驚くほど減り、幸福感を得られます。

さらに、感謝することで人間関係がうまくいきます。彼女との接し方や言葉が変わってくるでしょう。感謝することで仕事への姿勢が変わってきます。すると上司から叱られるのではなく、褒められるようになってくるでしょう。

自分をストレスから解放し、人生を好転させるスイッチは「感謝する習慣」なのです。

エピソード

「あなたがくだらないと思っている今日は、昨日亡くなった人がなんとかして生きたかった、なんとしてでも生きたかった今日。」

「……今日はそんな日なんです。今日、あなたとこうして出会えたことに感謝します」（『カシコギ』サンマーク出版）という詩が教えてくれるように、生きているというそれだけで感謝できること。当たり前の毎日などなく、すべてが恵まれている日の連続なのだということ。

とを見つける方法

STEP.1

1日5人に感謝の種を見つける

苦手な人も含めて、
周囲の人に感謝できることを考えよう。

上司や同僚、妻、夫、子ども、時に苦手な人に感謝できることはないか書き出してみよう。いやなことがあっても、「これから学べる経験をありがとう」と感謝するようにしよう。

TRY! やってみよう

感謝できるこ

STEP.2

感謝はすぐに伝える

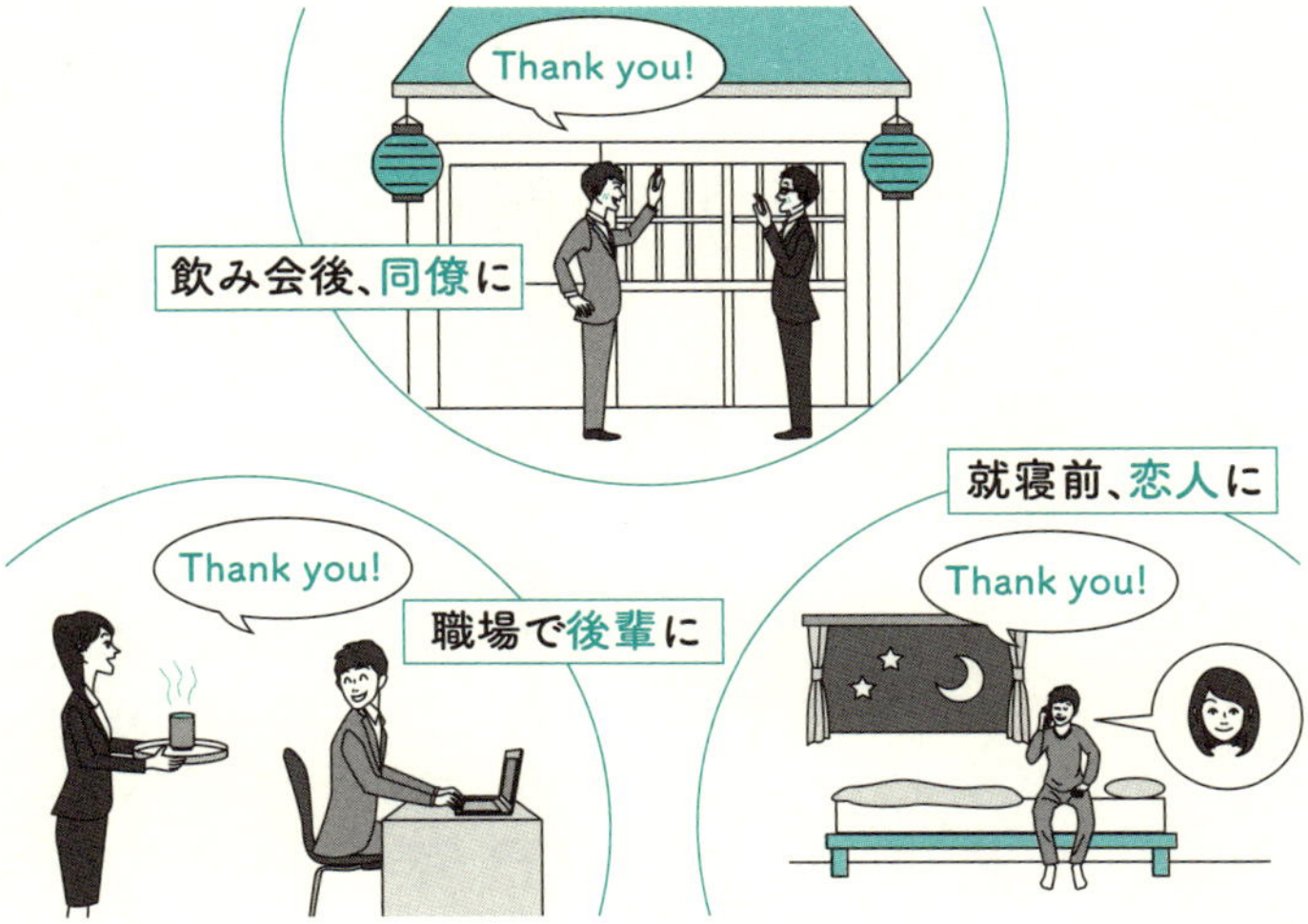

仕事でもプライベートでも、
いつも相手に感謝の言葉を伝えるようにしよう。

人には常に感謝の言葉をすぐに伝えるようにしよう。すると相手も嬉しい気持ちになって、なにより自分が、より感謝を見つけやすい体質に変わっていく。

スキル 40

嵐は必ず過ぎ去ると心に刻む

POINT

どんなにつらいことも一時的なものと考えることで、ストレスを大幅に軽くすることができる。

「過ぎ去らない嵐はない、明けない夜はない」といいますが、まさにその通りで、**苦しい出来事もその最中は地獄のようにつらいと思っていても、いつか過ぎていきます。**

マイナス思考にとらわれる人は、つらいことがあるとそれが永久に続くかのように考えてストレスを膨らませている傾向があります。永久に続くと考えればストレスは2倍、3倍に膨れ上がります。しかし、**あくまで一時的なものであると分かるだけでストレスは軽くなります。**

少し俯瞰して物事を見れば、人生に起きることは自然界に似ていることに気づきます。晴れる日もあれば、嵐の日もある、寒い冬もあれば、暖かい春も来る。すべては移ろいゆくもので永遠に続くものはないのです。また、人の感情も一時的なもので絶え間なく変化するのです。

どんなにつらいことも、いずれ過ぎ去ります。一時的なものだと考え、「静かに耐えて待つ」を心がけてみてください。

そのために効果的なのは、**過去に起きたつらかった出来事を思い出し、そのとき自分がどういう感情の変遷を辿ったか、書き出してみること**です。人生で起きた過去の出来事は今から振り返ると一時的なものだったと実感できます。過ぎ去らなかった嵐もなければ、明けなかった夜もないのです。今、つらさの中にいる人は「夜明け前が一番暗い」と思って静かに耐えて待ってください。

エピソード

105歳まで生きた日野原重明さんはさまざまな苦難に遭ったが、笹の葉のように静かに耐え、常に前向きであり続けた。

冬に雪が積もって撓《たわ》んだ笹の葉も、やがて春が来ると雪が解け、自然に元の状態に戻る。「ストレスを抱えたときには笹の葉を思うと、〈笹のように、時間が経てば私も元に戻れる〉と前向きな気持ちになれる」と、日野原さんは著書『いのちの絆』（ダイヤモンド社）で語っている。

去るのを耐えて待つ方法

STEP.1

過去最もつらかったことを思い出し、そのときの感情の変遷を書き出す

時間の経過とともに、つらさは収まっていく。

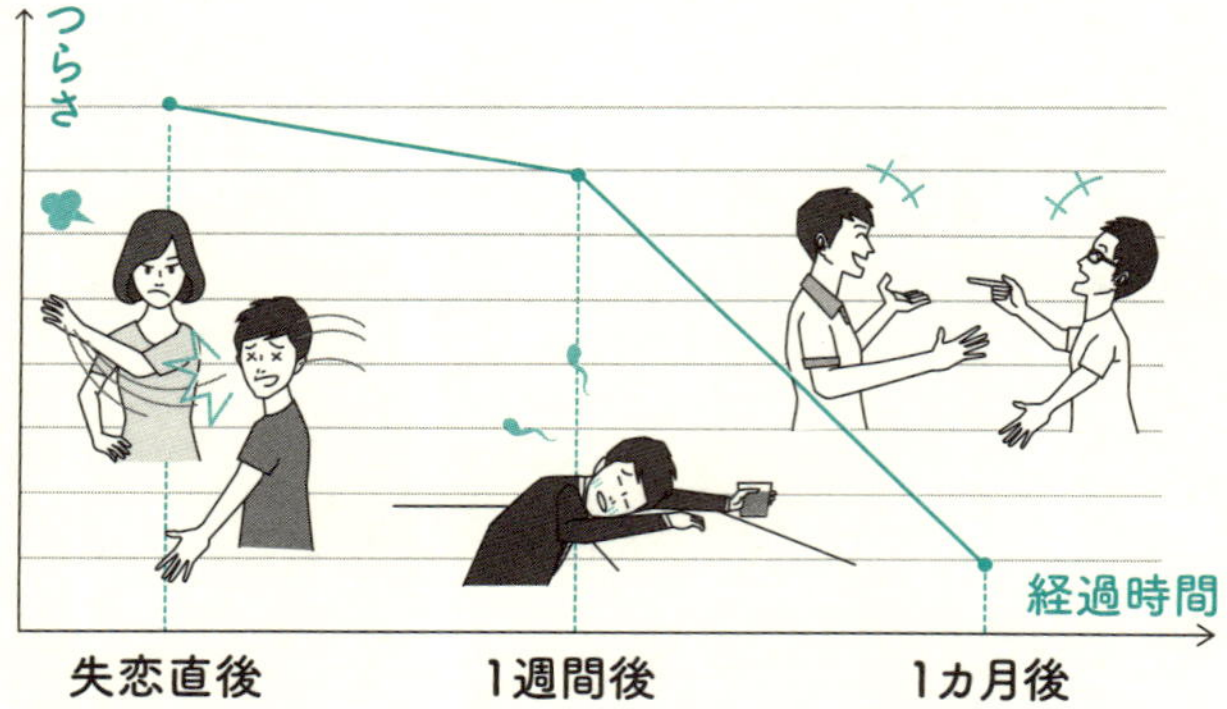

直後からどのように感情が変遷したか、考えてグラフに書き出してみよう。

過去に経験した、最もつらかった出来事を3つ思い出してみよう。そして、それぞれ当時のあなたの感情がどのように変遷したか、つらさの程度を折れ線グラフに書き出してみよう。

Q あなたの過去最もつらかった3つの出来事は何ですか？

TRY!
やってみよう

つらいことが過ぎ

STEP.2

つらいときは、未来の自分から今を振り返る

いつかは明けて、
明るい朝がやってくる
どんなに長く
つらい夜でも……

明けなかった夜はないように、どんな出来事も振り返れば一時的なもの。

人生で起きた過去の出来事は、今から振り返ると一時的なものだったと実感できる。今、つらさの中にいる人は「夜明け前が一番暗い」と思って静かに耐えて待つようにしよう。

 Q その出来事のつらさはどのようにして軽くなっていきましたか？

第8の習慣
プラスの側面を見る

まとめ

スキル 36 失敗すると自己嫌悪に陥り次に活かせないときは？

▶ **「失敗を宝に変える４つの質問」をして失敗から成功イメージをつくる**

スキル 37 望まない環境に置かれたときは？

▶ **自分の目標や成長への意味、他人や社会にとっての意味を見出す**

スキル 38 大きな試練に直面したときは？

▶ **過去に遭遇した試練を思い出しそこから得られたことを考える**

スキル 39 人生が不満要因ばかりに思えてしまうときは？

▶ **１日５人に感謝し嫌なことにも感謝の種を見つける**

スキル 40 つらい出来事に直面して永久に続くように思えるときは？

▶ **過去最もつらかったことを思い出しそのときの感情の変遷を書き出す**

過去と未来を鉄の扉で閉ざせ
今日一日という区切りで生きよう
——アメリカの自己啓発家　デール・カーネギー

第9の習慣を身につけるためのスキル

41　一度に1つだけやる
42　フロー状態になる
43　「期間限定」で考える
44　情報断食をする
45　一日一生で生きる

第9の習慣
「今」に集中して生きる

スキル
41

一度に1つだけやる

POINT

シングルタスクに切り替えることでストレスを軽減し、集中力を高めることができる。

ストレスを溜めやすい人は、何かやるべきことがあると、すぐに片づけなくてはいけないという切迫感にかられがちです。頭の中はいつも「あー、メール返信しなくちゃいけない。報告書の提出も遅れている。上司への報告もしなくてはいけない。会議の参加確認がまだ済んでいない。誰からも連絡がこない」と、さまざまなことを同時に心配しています。まさにマルチタスク状態なのです。

しかし、**このマルチタスクは集中力を非常に奪います。**テレビとラジオをつけながら勉強しているようなもので、実は1つのことを完了させるのには非効率なのです。

そこで必要なのは、**「『今』に集中して生きる」**こと。これは禅の精神です。私たち日本人に本来根付いているものだったはずなのですが、多忙なストレス社会の中で見失ってきているのではないでしょうか。

シングルタスクに切り替える、つまり**一度に1つだけのことに集中する習慣をつけると、ストレスは軽くなり、高い集中力で取り組めます。**

ちなみに、拙著『続ける習慣』でも同じ原則を提示しています。運動と食事制限と片づけを3つ同時に習慣化させようとすると、成功確率は圧倒的に低くなります。食事制限だけに絞り、集中して習慣化すると高い確率で続くようになります。

ストレスを軽くし、かつ生産性を高めるためには、一度に1つだけやる習慣が必要なのです。

エピソード

アメリカでZen Habits（禅的生活）を主宰するレオ・バボータ氏は、やることを減らして豊かに生きるシンプルライフを提唱している。

彼は著書『減らす技術』（ディスカヴァー）で、マルチタスクの時代に生きる私たちは情報やタスクの洪水で溺れかけているとした上で、「1度に1つのタスクに集中して、できるだけシンプルに働けば、心の健康を壊さずに生産性を高めることができる」と訴えている。

に集中する方法

STEP. 1

気がかりリストをつくる

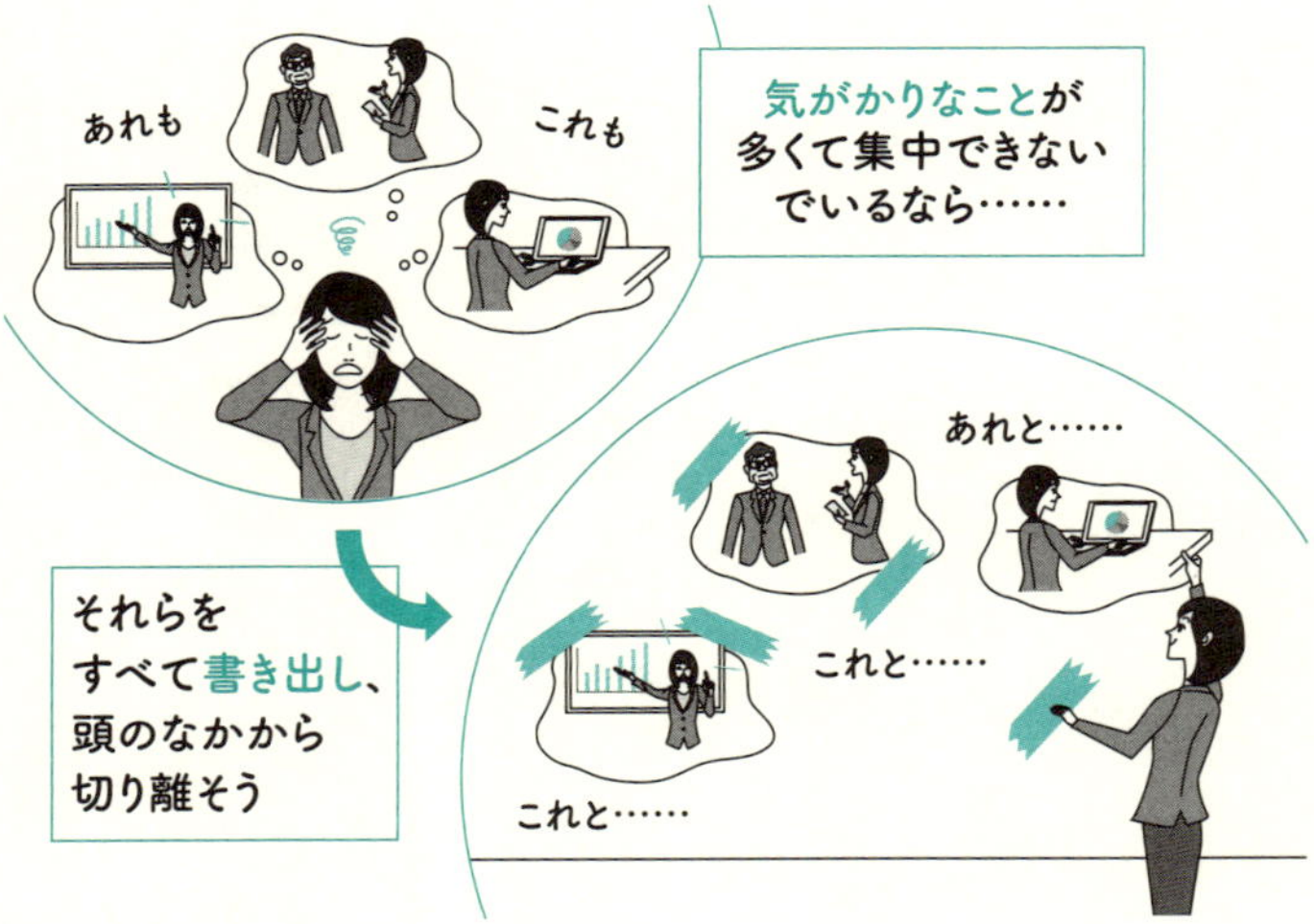

気がかりなことが
多くて集中できない
でいるなら……
あれも
これも
それらを
すべて書き出し、
頭のなかから
切り離そう
あれと……
これと……
これと……

気がかりなことは書き出すことで
いったん頭のなかから切り離そう。

マイナス思考が続く人は心配性の傾向があるので、気がかりなことをすべて漏れなくリストに書き出し、いったん頭のなかから切り離して１つのことに集中できるようにしよう。

TRY! やってみよう

一度に1つ

STEP.2

1つのことに集中する訓練をする

タイマーを作動させることで、
今に集中できる空間が生まれる

カウントダウンタイマーを使って「限られた時間空間」を作り出そう。

カウントダウンタイマーは、今この瞬間に集中できる魔法の道具。カウントダウンが始まると否応なく「限られた時間空間」を作り出すことができる。タイムリミット効果から目の前の1つの作業に集中できる。

スキル 42

フロー状態になる

POINT

1つのことに意識を集中することでストレスから意識を切り離すことができる。

あなたが今、時を忘れるほど没頭できることは何でしょうか？

シカゴ大学の心理学教授だったチクセントミハイ博士が、本当に自分が好きな活動に時を費やしている人々数百人を対象に、彼らの心の状態を研究したところ、共通していたのが「1つの活動に深く没入しているので他の何ものも問題とならなくなる状態」。博士はこれを「フロー状態」と名づけました（『フロー体験』世界思想社）。

その上で博士は、**「できるだけ多くのフロー状態を体験すれば、生活の質は必然的に向上するようになる」**と語っています。脳は1つのことに意識を集中すると別のことを忘れさせてくれます。特に**フロー状態になれば100％切り離すことができます。つまりフロ**

ー状態で過ごせる時間が多くなればストレスは緩和されるということです。

マイナス思考にとらわれる人は、過去の失敗の後悔や将来の不安などで心が疲れ切ってしまいがちです。たとえば、土日も仕事の心配をして上手に切り替えられないと、脳は休んでおらずストレスを感じ続けているのです。

そんなときは、**何か別のものに没頭してストレスの対象から意識を一時的に切り離す習慣を身につけること**です。仕事のストレスが大きくても、土日に子どもと遊んでいるとき、趣味のフットサルをやっているときはすべてを忘れられるなら、それはフロー状態に入っているのです。

マイナス思考から抜けやすい人は、別のものに意識を切り替えるのが早いのです。

エピソード

失恋したある女性は、意識的に仕事を忙しくして没頭することで、失恋の痛みから解放されたという。

じっと家に閉じこもってふさぎ込んでいても、ストレスはどんどん大きくなるばかり。そんなときは、この女性のように仕事に集中すると効果的。あえてチャレンジングな仕事に取り組むのも一つの方法。頭の中が仕事でいっぱいになる状況をつくれば、失恋の痛みを忘れられる。

態になる方法

STEP. 1

仕事に没頭するか、大好きな趣味をつくる

仕事のストレスを
忘れるために
没頭できる趣味を
見つける

仕事以外のストレスを
忘れるために
仕事に集中する
状況をつくる

仕事でストレスがあれば没頭できる趣味に、仕事以外のストレスがあれば仕事に集中しよう。

仕事以外のストレスを抱えているなら、仕事に集中することがおすすめ。頭のなかが仕事でいっぱいになる状況をつくれば、他のことを忘れられる。仕事のストレスが大きい場合は、没頭できる趣味を見つけること。

Q あなたが時を忘れるほど没頭できることは何ですか？

TRY! やってみよう

フロー状

STEP.2

忘れることを許す

心配事がフロー状態を妨げているなら、短い時間でも忘れる訓練をしよう。

フロー状態を妨げるのは心のブレーキ。心配や恐怖など強力な引力がある感情を切り離すには、まずは短い時間でもいいので忘れることを自分に許してみよう。

 Q 没頭できるリストの中で、あなたの生活に取り入れられるベスト3は何ですか？

スキル 43

「期間限定」で考える

POINT

期限を定めることで迷いや不安から解放され今の瞬間に集中することができる。

先が見通せない状態には、誰しも不安や心配を感じるものです。そんなときは先々のことを考えても不安になるだけなので、**一定期間に集中する「期間限定」の発想**をおすすめします。3年、10年と期限を決めれば、迷いや不安から解放されて今に集中することができます。

習慣化のコンサルティングでも「テニスを始めたいのに決断できない」「今の仕事を続けることに迷いがある」「タバコをやめられるか自信がない」などと言う方がいます。

その行動を阻む要因の一つに、無意識に「永遠にできるか？」と考えていることが挙げられます。つまり（ずっと）テニスをやり続けられるのか？（ずっと）今の仕事を続けられるのか？（ずっと）禁煙できるのか？と考えるので、決断ができないのです。

無意識に広げている未来の時間軸に一度区切りをつけることができれば、その間に集中することができます。禁煙に成功しやすい人は、その日1日の禁煙に成功することに集中している人だといいますが、確かに「永遠の禁煙」と考えるから苦しくなるのです。

また、転職についても同様です。考えても答えが出ない場合は、「転職を考えることを保留にして1年間、精一杯今の仕事を面白くしようと頑張ってみる。そして、1年後それでもやりがいを見出せないなら転職活動をする」ことがおすすめです。

最も避けたいのは悶々と悩み決断も行動もできず、日々が流れていくことです。この状態が最もストレスが大きいのです。

エピソード

元お笑い芸人の木下代理子さんは、先の見通しがつかないお笑いの世界に入るとき、30歳までと決めて活動を始めた。

お笑いの世界ほど、先が見通せない職業はない。売れないまま年齢だけが積み重なり、友人たちが会社で出世をして家庭を築いていく。そんな状態はまさにストレス。木下さんはその後、30歳を過ぎてカラーセラピーの世界に出会い、カラーカウンセラーの世界で活躍している。

で考える方法

STEP.1

心配タイムを設ける

夜の8時から9時の間は
心配タイムと決めると……
それ以外の時間では
不思議と心配しなくなる
ああ
どうしよう……
なんにも
心配ない！

心配事があるときは、期限を設けて、その間精一杯「できること」に集中してから考えること。

「夜の8〜9時は徹底的に心配する時間」と決めるなど、心配事を心配する「時間帯」を設けるのも効果的。それ以外の時間で悩んだり心配したりする時間が少なくなる。

TRY! やってみよう

期間限定

STEP.2

行動に期間を設ける

憧れがあるのに
なかなか始められない
でいるなら……

▶

1ヶ月だけお試しでも、
まずは行動すること
が大事。

7月 July
やってみたいんだけどなあ……
まずはお試し♪

なかなか行動を始められない場合は、「お試し期間」で実験してみることがおすすめ。

行動してみないとわからないことを頭のなかで考えているだけでは解決しない。「1ヶ月間だけ茶道教室に通ってみる」と決め、お試し期間で実験してみよう。

 Q どれぐらいのお試し期間を設定しますか？

スキル 44

情報断食をする

POINT

一切情報が入らない状態をつくることで心の底からリラックスすることができる。

今、私たちの社会は猛烈なＩＴ化で情報に溢れています。また携帯端末の発達の影響で、常にコミュニケーションを取ることが可能な状態にあります。

１９９０年の時点では存在すらしていなかった携帯電話が、いまや「持っていて当たり前」の状況です。外出中でも常にお客様や上司から連絡がくるので、常に気にしておく必要があります。プライベートでも、スマホの普及でフェイスブックやＬＩＮＥなどＳＮＳが大人気。常に多くの人とのコミュニケーションが可能な分、ＳＮＳ依存症を生み、多くの人が書き込みを気にしたり返信に追われたりしています。

こうしたことは現代社会では当たり前だと思われがちですが、**慣れ切っているだけで、**

根底ではストレスを感じています。24時間通信できる手段がある状態では、無意識レベルでリラックスできておらず、常にスイッチがオンになっている人も多いのです。定期的にスマホをチェックしないと落ち着かない人などは特にそうです。

この情報依存症から心を解放するには、情報断食をすることをおすすめします。

まず、情報機器をオフにすること。最初は不安を抱きがちですが、習慣づければ慣れてきます。そしてそれとともに一日の中に静けさが訪れます。

また、ルールを設けることも有効です。大切なことは、**便利なITに使われて情報に溺れるのではなく、上手に使って必要な情報にアクセスできるようメリハリをつけること。**

そうすることで、情報に振り回されなくなります。

エピソード

筆者は定期的に情報機器をすべて家に置き去りにして情報断食し、森林浴をしてストレスを解消している。

ストレスが溜まっているときは、標高約1500メートルの山岳景勝地、上高地に行って森林浴をする。そのとき、強制的にメールや電話を受けられない状態にすることで、他に注意を奪われるものがなく、究極の静けさと穏やかさに包まれ、ただ「今」に集中して癒される。

をする方法

STEP. 1

情報機器をオフにする

情報機器の電源をすべて切って、「今」に集中する時間を持つ習慣をつくろう。

インターネットの配線を抜く、携帯の電源をオフにする、メールソフトを閉じる、これだけで雑音に惑わされることなく、今に集中できるようになる。趣味で外出するときには携帯を持っていかないなども有効。

TRY! やってみよう

情報断食

STEP.2

ルールを設ける

RULE 1 退社後は仕事のメールはチェックしない

RULE 2 SNSチェックは決まった時間にだけする

① 12:00

② 17:00

IT機器を上手に使って必要な情報にアクセスできるよう、メリハリをつけることが大切。

そのためには、退社後は仕事のメールをチェックしない、SNSのチェックは決まった時間にするなど使用ルールを設けることが有効。

 Q 仕事のメールや携帯のチェックにどんなルールを設けますか？

スキル 45

一日一生で生きる

POINT

今この瞬間を悔いなく満足に生きることでストレス・フリーな生活に近づくことができる。

人間の思考には時間軸があります。それは過去・今・未来です。

マイナス思考が続く人は過去の失敗に後悔をして自分を責めている時間、未来の不安を膨らませて心を痛めている時間がとても長く、今この瞬間にある、楽しさ、美しさ、喜び、できることに集中できない、つまり「今」に生きられない傾向があります。

「一日一生」という言葉があります。一日、つまり**朝起きて夜寝るまでを生まれて死ぬまでの一生と考え、一日一日を悔いなく満足に過ごす**という意味です。

人生を80年とすると、3万日あります。この一日一日には違う素晴らしさ、美しさ、発見、出会い、気づき、楽しみ、運命があるのです。

私たちは、過去の失敗に後悔し、未来の不安に心を奪われているうちに、大切な今日というかけがえのない時間を失っているのではないでしょうか？

過去の後悔、未来の不安は人間である以上、消すことはできませんが、**「今」に生きることがストレスフリーな生活に近づく一歩であることは間違いありません。**

楽しみを先延ばししない、美味しいものを食べる、会いたい人に会うというように、一日を大切に生きる精神がなければ多忙な毎日の中で一日はあっという間に過ぎていきます。

人生は、毎日毎時間の連続の中にあります。**今を未来や過去の犠牲にしないこと**が大切です。

エピソード

アメリカの自己啓発作家ジェリー・ミンチントンは、多くの人は現在についてほんのわずかな時間しか考えていない、と言う。

自著『うまくいっている人の考え方』で彼は、多くの人にとって「心とは、過去と未来の間を絶えず往復する振り子のようなもの」、つまり過去と未来ばかり考えているとした上で、現在を意識すれば「それぞれの瞬間は独自の美しさを持っていることに気づくはずだ」と言う。

実践する方法

STEP.1 一日のことだけ考える

先が見えなくなるようなつらい嵐に遭遇したら……

▼

足元に光を当てて、一歩一歩進んでいく

足元を見て今日一日を精一杯過ごしていれば、やがて嵐は過ぎ去っていく。

ストレスは、今日のつらさより未来の心配、過去の後悔が半分以上を占める。つらい嵐のときには先を見るより、足元だけを見て歩くのがコツ。目の前にある、今日一日の問題を片づけるためにやるべきことをやろう。

Q 毎日を楽しみにするためのリストには何が書かれていますか？

TRY! やってみよう

一日一生を

STEP.2

「楽しみリスト」をつくる

楽しみリスト①

アロマテラピー
でリラックス

楽しみリスト②

お風呂で半身浴
しながら読書

楽しみリスト③

夜景の見える
レストランで
友人と食事

毎日楽しめることをつくり、いつでも気持ちを切り替えて今この瞬間を楽しもう。

仕事や人間関係のストレスがあっても、ずっとそのことが頭の中から離れないのは人生の無駄。気持ちを切り替えて、今この瞬間を楽しもう。そのために、「毎日楽しめることのリスト」を持っておくのがおすすめ。

第9の習慣
「今」に集中して生きる

まとめ

スキル 41 マルチタスク状態でストレスを溜めやすいときは？

▶ **気がかりなことを書き出し
1つだけに集中する訓練をする**

スキル 42 過去の失敗や将来の不安で心が疲れ切っているときは？

▶ **仕事や趣味に没頭して
ストレスを一時的に忘れる**

スキル 43 先の見通しが立たず決断できないでいるときは？

▶ **期限を設け、
期間限定で考え、行動する**

スキル 44 情報依存症でストレスを感じているときは？

▶ **情報機器をオフにする時間を持ち
使用時はルールを設ける**

スキル 45 過去の後悔や未来の不安にとらわれるときは？

▶ **先のことを考えすぎず
今日一日、足元だけを見て行動する**

おわりに

ここまでお読みいただきありがとうございました。

最後に、思考習慣のまとめと今後の活用方法に触れて終わりにしたいと思います。

9つの思考習慣を1つずつ解説してきましたが、これらは4つの階層になっています。

第1階層は「等身大の自分を受け入れる」「相手を変えず見方を変える」です。マイナス思考から抜け出すためには自分を受け入れること、他人を受け入れることが土台となります。

第2階層は「徹底的に具体化する」「さまざまな視点から眺める」です。これらはそれ以降の習慣に先立つ視野を広げたり深めたりするアタマの使い方に関する習慣です。

具体化する力と複数の視点から眺める力があれば、プラスの意味を見つけたり完璧主義を解いたりすることも容易になります。

マイナス思考から抜け出す9つの思考習慣

第4階層

- 習慣9 「今」に集中して生きる

第3階層

- 習慣5 できることに集中する
- 習慣6 運命を引き受ける
- 習慣7 完璧主義をやめる
- 習慣8 プラスの側面を見る

第2階層

- 習慣3 徹底的に具体化する
- 習慣4 さまざまな視点から眺める

第1階層

- 習慣2 相手を変えず見方を変える
- 習慣1 等身大の自分を受け入れる

第3階層は「できることに集中する」「運命を引き受ける」「完璧主義をやめる」「プラスの側面を見る」です。これらは状況に応じて使う場面が変わってきます。場面場面で適用してください。

第4階層は「『今』に集中して生きる」です。禅の教えやストレス対策本の多くにも今に生きることの重要性が説かれています。しかし、ビジネスにおいて、ただ今にだけ集中して過ごしていたのでは、毎日がトラブルの連続かもしれません。

あくまで、状況を具体化して、解決策を見つけ、行動プランを練って、今やるべきことが明確になっている段階で初めて効果を発揮するものです。よって第4階層にしました。

今後の活用について

最後まで読まれた方の中には「そうはいっても性格は生まれつきのものだから変えられない」と思っている方も多いのではないでしょうか？

確かに心理学でも、ポジティブな性格は遺伝によってある程度決まると言われています。しかし、その影響はあくまで50％程度の話です。**残りの半分は自分の物事の考え方、とらえ方を変える、つまり思考の習慣を変えることで対応できる**のです。

プロローグで、本書の内容を知識ではなく体験をともなった知恵に変えてくださいとお伝えしました。今後、ストレスが襲ってくる状況に対して9つの習慣（45のスキル）を適用してください。

その際は、**頭の中だけでやるのではなく、必ずノートに書くことを実践してください。**書くことで思考をコントロールしやすくなります。

ですから、**毎日決まった時間に書く習慣を身につけること**をおすすめします。そして、コツコツ半年間、地道に続けてください。すると、徐々に自分の考え方が変わってくることに気づかれるでしょう。

ただし、あなたが置かれるストレス状況があまりにも苛酷で感情のコントロールが難しい場合は、心を癒すことを優先してください。それはプロのカウンセラーの助けが必要かもしれません。ある程度の心の冷静さがなければ、思考習慣を適用するのは困難だからです。

また、あなたが思考習慣を身につけるためのサポートとして次の特典を無料でご提供しております。

❶ 習慣化メルマガ

毎日、２つの質問に答えることで思考の習慣は確実に変化していきます。本書の90の質問に加えて、偉人の名言50とおすすめ本50冊をご紹介するステップメールを２カ月間（65回）ご利用いただけます。習慣化の支援ツールとしてご活用ください。

❷ 賢人会議議事録のフォーマット

「17　尊敬する人になりきる」で紹介した方法のフォーマットです。必要な方はダウンロードしてください。

詳しくは習慣化コンサルティングＨＰ（http://www.syuukanka.com/）をご覧ください。

最後に、本書を担当してくださったディスカヴァー・トゥエンティワンの藤田取締役には、執筆中多くのご助言をいただきました。この場を借りて御礼申し上げます。

それでは、あなたとどこかでお会いできる機会を楽しみにしております。

習慣化コンサルタント　古川武士

図解 マイナス思考から すぐに抜け出す9つの習慣

発行日　2018年　4月15日　第1刷
　　　　2018年　6月20日　第3刷

Author　古川武士

Illustrator　高橋由季（カバー）　小川智矢（本文）
Book Designer　金井久幸　横山みさと（TwoThree）

Publication　株式会社ディスカヴァー・トゥエンティワン
〒102-0093　東京都千代田区平河町2-16-1 平河町森タワー11F
TEL　03-3237-8321（代表）
FAX　03-3237-8323
http://www.d21.co.jp

Publisher　干場弓子
Editor　藤田浩芳　松石悠

Marketing Group
Staff　小田孝文　井筒浩　千葉潤子　飯田智樹　佐藤昌幸　谷口奈緒美　古矢薫
蛯原昇　安永智洋　鍋田匠伴　榊原僚　佐竹祐哉　廣内悠理　梅本翔太
田中姫菜　橋本莉奈　川島理　庄司知世　谷中卓　小木曽礼丈　越野志絵良
佐々木玲奈　高橋雛乃

Productive Group
Staff　千葉正幸　原典宏　林秀樹　三谷祐一　大山聡子　大竹朝子　堀部直人
林拓馬　塔下太朗　木下智尋　渡辺基志

E-Business Group
Staff　松原史与志　中澤泰宏　西川なつか　伊東佑真　牧野類　倉田華

Global & Public Relations Group
Staff　郭迪　田中亜紀　杉田彰子　奥田千晶　李瑋玲　連苑如

Operations & Accounting Group
Staff　山中麻吏　小関勝則　小田木もも　池田望　福永友紀

Assistant Staff
俵敬子　町田加奈子　丸山香織　小林里美　井澤徳子　藤井多穂子　藤井かおり
葛目美枝子　伊藤香　常徳すみ　鈴木洋子　石橋佐知子　伊藤由美　畑野衣見
井上竜之介　斎藤悠人　平井聡一郎　曽我部立樹

Proofreader　文字工房燦光
DTP　朝日メディアインターナショナル株式会社
Printing　大日本印刷株式会社

ISBN978-4-7993-2257-4